Heinrich Waegner

Theaterwerkstatt

Von innen nach außen –
über den Körper zum Spiel

Kommentierte Wege vom Warm-up bis zur Spielvorlage

Ernst Klett Schulbuchverlag
Stuttgart Düsseldorf Berlin Leipzig

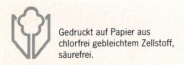 Gedruckt auf Papier aus
chlorfrei gebleichtem Zellstoff,
säurefrei.

1. Auflage   1 5 4 3 2 | 1998 97 96 95

Alle Drucke dieser Auflage können im Unterricht nebeneinander benutzt werden, sie sind
untereinander unverändert. Die letzte Zahl bezeichnet das Jahr dieses Druckes.
© Ernst Klett Schulbuchverlag GmbH, Stuttgart 1994.
Alle Rechte vorbehalten.
Umschlag: Regine Mack, unter Verwendung eines Fotos von Reinhard W. Demmer.
Satz und Druck: Wilhelm Röck, Weinsberg.
ISBN 3-12-306410-7

Inhalt

Vorwort 5

I. Zwei kurze Vorkapitel für Neueinsteiger:
    Das fliegende Klassenzimmer 1 6
    Das fliegende Klassenzimmer 2 8

II. Notwendige Absprachen zur Schaffung einer spielfähigen Gruppe 10

III. Übersicht: Der Weg von ersten Vorübungen zum Spiel 12

IV. Körpertraining, Interaktion und Spielübungen:
    1. Beispiele für Warm-ups:
        1.1 Gymnastik 14
        1.2 Interaktionsspiele 14
        1.3 „Die Welle" 14
        1.4 „Nô-Gang" 16
        1.5 „Spiegelspiel" 18
        1.6 „Zauberspiegel" 19
        1.7 Trippelgang 19
        Exkurs: Theater und sein Ursprung 20

    2. Übungen für die Präsenz:
        2.1 Allgemeine Übungen und Tips 20
        2.2 „Denkmal bauen" 21

    3. Vertrauensübungen:
        3.1 „Blindenführung" 22
        3.2 „Kegelaufstellen" 22

V. Einstiege ins Spiel:
    1. Etwas mit einfachen Requisiten und Körpersprache darstellen 23
    2. Spiel mit Verfremdungen 24
        Anachronismus 24 Umfunktionierung 25 Wörtlich nehmen von Metaphern 25 Multifunktionalität 25 Illustration 25 Verfremdung von Gängen 25 Symbolisierungen 26 Umfunktionierung 26 Kulissenersatz 27 Simultane Mehrfachfunktion 27 Gruppenspiel mit Requisit 27 Requisitenspiel als Textersatz 28 Verfremdender Einsatz von Gegenständen 28

    3. Zusammenfassende Übungen und weiterführende Schritte 29

    4. **Andere Einstiege bzw. Ergänzungen** 32
        4.1 Einstieg über Schminke 32
        4.2 Einstieg über das Kostümieren 33
        4.3 Einstieg über das Maskenspiel 33
        4.4 Einstieg über die Musik 34
        4.5 Verstärkung des Spiels durch Sprache 34
        4.6 Stimmungen mit Gegenständen ausdrücken 37
        4.7 Einstieg über das Spiel im „leeren Raum" 38
        4.8 Einstieg über das Spiel mit Licht 39
        4.9 Einstieg über die Pantomime 40
        4.10 Einstieg über Bildmaterial 43
        4.11 Zusammenfassende Hinweise zum körperbetonten Theaterspiel 44

VI. Einsatz von Musik:
    1. **Spiel mit Musik aus der „Konserve"** 46
        1.1 Sitztango/Sitzwalzer 46
        1.2 Aktives Musikhören und -gestalten 46

    2. **Spiel mit selbstproduzierter Musik:**
        2.1 Rhythmusübungen 47
        2.2 Singtraining 48
        2.3 Instrumentale Musik („Orchester") 49

VII. Beschaffung einer Spielvorlage:
    1. **Plädoyer für das Erspielen eigener Spielvorlagen** 51
    2. **Sprechtraining als Einstieg** 52
    3. **Ein Spielvorhaben realisieren** 53
    4. **„Aneignung" von Texten und kreativer Umgang damit** . . 57
    5. **Lösungen für Besetzungsprobleme** 58

VIII. Ein aufführungsreifes „Bausteine"-Projekt 61
    Projekt „Heart – Herz" 61

Fußnotenverzeichnis 76
Stichwortverzeichnis 78
Schriftenverzeichnis des Autors 79
Fotonachweis 80

Vorwort

Im Laufe meiner langen Schultheaterpraxis ist es mir zu einem Bedürfnis geworden, die Wichtigkeit des sogenannten „Subtextes" bei jeder Theaterproduktion herauszustellen. Dahinter steht die Erfahrung, daß die verbale Botschaft eines Stückes erst dann wirklich ankommen kann, wenn die Spielerinnen und Spieler in der Lage sind, allein schon durch ihre körperliche Erscheinung die Gefühlsebene der Zuschauer zu erreichen. Deshalb hat der kreative Umgang mit den körperlichen Ausdrucks- und Kommunikationsmöglichkeiten der Spieler für mich zunächst eindeutigen Vorrang. Läßt man sich zu früh mit Texten ein, wird die Arbeit durch diese meist eher behindert als gefördert. Die Schüler finden in der Regel ohne diese Gängelung durch ein vorgefertigtes Stück viel leichter zu dem Spiel, das ihnen angemessen ist; und im Laufe dieses „spielerischen Spiels" können sich dann Szenen und Stücke entwickeln, die authentischer sind als alle vorgefertigten und damit notwendigerweise den Spielern meist wenig auf den Leib geschneiderten Stücke.

Das vorliegende Heft dokumentiert chronologisch den Prozeß des Aufbaus einer neuen Theatergruppe mit Schülern und deren Weg zur ersten Bühnenproduktion. Gleichwohl denke ich, daß die einzelnen Schritte dieses Prozesses so offen und allgemeingültig dargestellt sind, daß das Heft auch als Nachschlagewerk zu fast allen Bereichen der praktischen Theaterarbeit in der Schule dienen kann.

In den einzelnen Kapiteln finden Sie Übungen, Spielanregungen und methodische Hinweise. Dabei steht in erster Linie prozeßorientiert das Wachsen der spielerischen Möglichkeiten im Blickpunkt. Gleichzeitig wird aber auch immer auf die produktionsorientierte Verwendbarkeit dieser Spielgrundlagen als Bausteine von Stücken verwiesen.

Durch seinen Einstieg mit elementarsten Übungen zur Erfahrung der eigenen Ausdrucksmöglichkeiten wendet sich das Heft durchaus auch an Anfänger, die außer ihrer Lust und Neugier aufs Theatermachen noch nichts mitbringen. Über einführende Körperübungen, „Warm-ups", geht der Weg zum Spiel mit einfachen Requisiten. Musik tritt hinzu als wichtiges und wertvolles Mittel bei der Einstimmung und Koordination der Spielgruppe im textlosen Vorstadium des schauspielerischen Arbeitens. Ergänzend finden sich Ideen für den Einsatz von Schminke, Kostüm, Maske, Raum, Licht, Pantomime, und schließlich kommt auch Sprache in Form von Sprechübungen hinzu.

Der komplett dargestellte Weg von den Anfängen bis zur ersten Bühnenproduktion findet seinen Abschluß in der Dokumentation des von meiner Spielgruppe erarbeiteten Bühnenprojekts „Heart-Herz". Die Aufführungsrechte können durch den Kauf von 10 Exemplaren des vorliegenden Heftes erworben werden. Die eigentliche Intention des Heftes ist es jedoch, zu eigenen Produktionen anzuregen und dazu Wege, Mittel und Tips zur Verfügung zu stellen.

Hierzu wünsche ich Ihnen und Ihren Spielgruppen viel Kreativität, Spaß und Erfolg.

Heinrich Waegner

I. Zwei kurze Vorkapitel für Neueinsteiger

Das „fliegende" Klassenzimmer 1

Vielleicht haben Sie als Spielleiter schon Erfahrungen mit Unterstufen-Theater gesammelt, dann kennen Sie sicher schon das, was jetzt in zwei Ansätzen (Fliegendes Klassenzimmer 1 und 2) folgt, und können getrost weiterblättern, denn so schlimm soll es bei Ihnen gewiß nicht mehr laufen. Für wirkliche Anfänger dagegen könnte es so aussehen, wenn man Hals über Kopf – oft genug auf Geheiß des Direktors – in eine solche Situation gestürzt wird.

Sie machen also im Unterricht den leichtsinnigen Vorschlag, Theater zu spielen, und alle sind dafür – fast alle. Drei Schüler wollen lieber nicht. Was tun? Sie lassen sie erst einmal in Ruhe und planen heimlich, ihnen später technische Aufgaben zuzuweisen. Sie bereiten sich vor: Im Lesebuch der 6. Klasse stoßen Sie auf Goethes „Reinecke Fuchs" und erwägen in Erfüllung der Richtlinien die Umsetzung von Prosa in eine Spielvorlage, weil Sie ahnen, daß die vielen Tiere herrlich viele Spielanlässe für die Kinder bieten. Auch die Verhandlungen am Königshof oder die Verhaftung Reineckes in seinem Bau sind durch Einfachheit des Bühnenbildes für das Klassenzimmermobiliar sehr geeignet. Ja, Ihnen schwant, daß hier die eigentlichen Möglichkeiten des Schülertheaters liegen könnten.

AUS DER NOT EINE TUGEND MACHEN:
„ARMES THEATER"[1]

Beim Ausräumen des Klassenzimmers bzw. beim Zurückschieben der Tische an die Wände und dem Davorstellen der Stühle zu einem großen U entdecken Sie, daß die „armen" Requisiten, die Schultische, sich leicht in ein geräumiges Tischpodest für das Gefolge und den Königsthron (Schulstuhl mit rotem Tuch) verwandeln lassen. Die Tafel wird beidseitig ein wenig aufgeklappt, so daß der König der Tiere durch die angedeuteten Wände einen eigenen Thronsaal erhält. Genial bemerken Sie, daß der Ortswechsel zum Fuchsbau eine Kleinigkeit ist, denn als echter Staatsfeind und Intrigant hat der Fuchs seine Behausung zu Horchposten direkt unter dem Palast ausgebaut, so daß er schnell erscheinen und verschwinden kann, und die Polizisten zur Verhaftung nur eine Etage tiefer gehen müssen.
Die Schüler bauen mit Begeisterung an dem Bühnenbild, und Sie kommen kaum noch zu Wort, aber Sie denken schon weiter:
Jeder darf sich jetzt ein Tier ausdenken und spielen. Der Lärmpegel übersteigt schon längst alle guten Sitten, aber Sie behalten die Ruhe und lassen nach einer Improvisationsphase alle einmal ihr Tier vorstellen. Die Tatsache, daß 90% Häschen mit vorgehaltenen Pfötchen spielen, erschreckt Sie nicht, und daß es nur Varianten gibt, indem dieselben Körperhaltungen durch Bellen zu Hunden umfunktioniert werden, läßt Ihr geduldiges Lächeln nicht ersterben, denn Sie wissen, es wird insgesamt zu wenig im Schulbereich gespielt, so daß die Kinder sich einerseits freuen, andererseits aber weder spielerisch noch disziplinär diese lockere Klassensituation eingeübt haben. Na gut, sagen Sie und fragen nach weiteren Tieren, die an des Löwen Hof anwesend sein könnten, wobei sie nicht einmal im Text vorzukommen bräuchten.
Jetzt kommen schon Frösche und Giraffen, auch Affen; aber wenn sie es nicht sagten, würde man sie nicht als solche erkennen.
Exemplarisch greifen Sie sich einen sogenannten Vogel und setzen ihm ein rotes Wollmützchen wie ein Soldatenschiffchen auf den Kamm und bitten um ein rotes Hemd samt rot-weiß geringelter Socken und stecken ihm ein Fähnchen in die hintere Hosentasche, so daß der Hahnenschwanz wenigstens sichtbar wird, wenn der Gockel schon nicht stelzen oder krähen kann.
Sie denken schon daran, all die andern Defizite später durch entsprechende Hinweise in den Texten zu beheben und wollen einfach einmal einen groben Ablauf durchkriegen. Deshalb fragen Sie nach den Rollenwünschen, was Sie lieber unterlassen hätten, denn für jede Rolle melden sich immer mehr als drei. Aber mit ein bißchen Scheindemokratie und Rückfragen bei den Mitspielern finden sich letztlich vertretbare Besetzungen, die notfalls mit dem vagen Versprechen auf spätere Umbesetzungen beschleunigt werden.
Nun folgen die obligaten Diskussionen unter den Spielern, wer wann von wo und mit welchem Text im Gepäck zu kommen habe. Sie freuen sich am Spieleifer der Kleinen, aber Ihr Lächeln wird schon merklich angestrengter. Doch das bemerken Sie nicht, weil Sie pädagogisch immer simultan nach Lösungsmöglichkeiten suchen, aber selten eingreifen brauchen/können. Außerdem lassen Sie die drei Verweigerer jetzt tatsächlich Skat spielen, weil sie sonst mit ihren Bemerkungen die

Spieler verunsichern. Für heute rettet Sie der Gong, aber in der nächsten Stunde wollen alle natürlich weiterspielen.
Wieder wird geräumt, aber alles geht schon wesentlich zielgerichteter vonstatten, selbst die Rollen haben an Klarheit gewonnen, so daß zwar von Theaterspiel im eigentlichen Sinne keine Rede sein kann, aber dank eingestreuter Textfetzen wird die Handlung tatsächlich klar. Sie ordnen die Kompositionen ein wenig, damit nicht immer alle Tiere so dicht vor dem König stehen, daß man ihn gar nicht mehr sieht, ermahnen zu *überdeutlichem* Sprechen und erklären, daß jede Bewegung jeweils mit einem Tock[2] beginnt und endet, damit sie eindeutig wird, zeigen ihnen auch, was es heißt, *offen* auf der Bühne zu stehen, so daß man möglichst viel von der Vorderseite der Spieler sieht.
Beim Proben erkennen Sie zufällig, daß der listige Fuchs seinen Kopf über die hintere Tischkante streckt und den Königsbefehl seiner Verhaftung als erster kennt und seine Häscher doppelt gut narren kann. Sie bemerken also, daß Zufall und Schülerspontaneität durchaus theatrale Qualitäten haben können und sorgen dafür, daß die anderen Spieler auch dafür eine Sichtlücke für den Zuschauer lassen. Sie freuen sich über den Regieeinfall, weil Sie ihn erkannt und wie eine „Hebamme" funktionstüchtig gemacht haben.
Die Schüler schauen sich gerade um, was an Gegenständen in der Klasse sich für eine Andeutung von Krone und Zepter eignen könnte, und finden ein biegsames Lineal, das sie mit Papier umkleben und vorne mit der Andeutung eines Edelsteins versehen, und einen abgebrochenen Regenschirm sowie einen Frühstücksapfel. Und Sie schaffen noch vor dem Gong die Bemerkung, daß man in der nächsten Stunde – die letzte vor den Ferien – für die Parallelklasse eine Aufführung machen könnte. Da hagelt es Verkleidungsvorschläge, die sich dann beim nächsten Mal alle als von Oma (!) entliehen entpuppen, weil jeder unbedingt möglichst erwachsen aussehen will.
Wegen eines kurzfristig anberaumten Schulwandertages fällt aber die Stunde aus, und Sie sind eigentlich erleichtert, denn so theatralisch war es halt doch noch nicht.

Das „fliegende" Klassenzimmer 2

Ein neuer Versuch in einer 6. Englischklasse auch am Ende des Schuljahres verläuft nicht viel anders.
Jedes Kapitel hat zwar mindestens einen Text, der schon weitgehend als Dialog ausgearbeitet ist. Den epischen Rest übernimmt ein Erzähler, soweit das theatralisch überhaupt notwendig ist. Wichtig ist aber auch das schnelle Erarbeiten des Textes, so daß bald ohne Buch gespielt werden kann, denn es hemmt den Spielkontakt untereinander und macht natürliches Spielen unmöglich.
Nun gilt es, theatrale Spielhilfen zu finden/zu improvisieren, z.B.
– Tisch umlegen auf optische Wohnzimmertischhöhe
– Tafelbilder: geschlossen: „Fenster" von innen; geöffnet: „Landschaft"(außen)
– Gegenstände, z.B. Telefon (improvisierte/verfremdete Versionen)

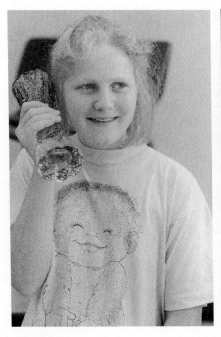 

Beim Spiel sollten folgende Dinge beachtet werden:
- saubere Aussprache
- weder durchschreien, noch durchnuscheln
- auch laut (mit viel Luft: Behauchung) flüstern
- offen spielen (nie mit dem Rücken zum Publikum, auch im Profil durch Zurücksetzen des vorderen, dem Publikum zugewandten Beines; möglichst viel vom Spieler zeigen
- nicht „klumpen", sondern den ganzen Raum beim Spielen sinnvoll ausnützen, so daß alle Spieler sichtbar bleiben
- Handlungsbereiche räumlich festlegen (Tiefe und Breite des Raumes)
- in die Höhe spielen (auf Möbel, Personen klettern; aber auch kauern, sitzen, rollen, liegen etc.

Nach zwei Doppelstunden beginnen sich die Schüler freizusprechen, lösen sich vom Buch und bauen eigene Sätze ein, aber diese sind grammatisch wie aussprachemäßig unerträglich. Außerdem müssen zu viele zuschauen, und die obligaten Skatspieler bekommen während einer Besprechungsphase Verstärkung aus den Darstellerreihen. Irgendwie wurmt das doch. Aber es waren die letzten Stunden vor den Ferien und Sie denken, sie hatten wenigstens alle ihren Spaß, und Englisch hat wieder etwas von seinem Grammatikimage verloren. Vorführreifes Theater jedoch war es halt nicht, und Fortschritte in Englisch sind wohl erst in Einzelproben (good old drill) möglich. Ein bißchen Enttäuschung macht sich breit, und Sie beschließen, das nächste Mal alles besser und jetzt richtig von Grund auf zu machen, denn in Kunst, Musik, Sport ist doch auch mehr Handwerk möglich – bloß weil diese Kollegen eine echte Ausbildung hatten und Sie nicht?

II. Notwendige Absprachen zur Schaffung einer spielfähigen Gruppe

Wie kommen nun am besten Schüler mit ihrem Lehrer zu einer gruppenfähigen und spielmächtigen Theater-AG?
Hier sollen ein paar methodische Zugänge mit Teilergebnissen zum Weiterentwickeln dargestellt werden.
Eine Theater-AG soll gegründet oder wenigstens ein Vierwochenblock geplant werden, um längere Vorbereitungs- und Probenphasen zu haben als beim Schulspiel im Klassenzimmer. Jetzt soll es einmal richtig losgehen, und zwar über den Weg:

VON INNEN NACH AUSSEN

Zuerst muß eine theaterfähige Gruppe geschaffen werden.
1. *Die egostarke Interaktion der Teilnehmer muß in gruppendienliche Gemeinschaftszugehörigkeit umgewandelt werden*, nach dem Motto: Einzelteile sind an sich schon sehr wertvoll, aber ein ganzes Auto hat eben erst die spezifischen Eigenschaften, die es letztlich erstrebenswert machen.
2. *Die Gruppe muß auch spieltechnisch sensibilisiert und spielmächtig gemacht werden.*
(Fertige Texte und ehrenvolle Aufträge wie „Können Sie nicht mal eben für Weihnachten ein Märchen für die Orientierungsstufe entwickeln?" sind also nicht mehr drin, weil sich ja alles allmählich von innen heraus entwickeln soll, auch das „Stück" und vor allem der Zeitpunkt, wann es fertig, also aufführungsreif ist!)
Freiwillige Schüler gibt es genug, das Auswählen – nach welchen Kriterien auch? – erübrigt sich. Termin möglichst gegen Abend, um genug Abstand zur Schule zu haben: Die Kopflastigkeit des Schultages, die sich in unentwegter Sprechlust ergießt, muß als erstes überwunden werden. Die 20 Schüler (lieber weniger) versammeln sich also im Kreis und nehmen ein paar *Grundregeln* zur Kenntnis:

- Alltag (Schultaschen, Schuhe und überflüssige Kleidung, Nahrungsmittel, aber auch alles Gerede) vor der Türe lassen.
  Zum Alltag gehören auch alle Privatheiten, Gespräche, Witzchen, Hausaufgaben, Schüler- und Lehrertratsch ... Dann lieber erst eine Viertelstunde „Austausch" einplanen.)
  Bei kalten Böden empfehlen sich Gymnastikschuhe. Bewegungsfreundliche Kleidung: Nicht zu enge Jeans, besser Trainingsanzug.
- Strikte Trennung von stummen Übungsphasen (es sei denn, es handelt sich um Spieltexte) und Diskussionsphasen.
- Wenn es in der Gruppe zum Vorspielen kommt, absolute Konzentration (nicht mehr reden und auch keine unkontrollierten Geräusche machen). Das gilt auch für alle Übungen, besonders aber für Vertrauensspiele; denn wie

kann man jemandem blind vertrauen, der offensichtlich nicht bei der Sache ist und einen wahrscheinlich im entscheidenden Moment nicht auffängt oder vor Zusammenstößen schützt?
- Beginn der „Vorführung" (auch die kleinsten Versuche innerhalb der Proben!) grundsätzlich erst bei Totenstille der Zuschauer und völliger Konzentration der Spieler. Nichts dem Zufall mehr überlassen.
- Bei Besprechungen von vorgespielten Szenen grundsätzlich zuerst das Positive anmerken, und zwar nicht im Sinne einer (wenn auch positiven) Wertung, sondern was bei einem angekommen ist. („Ich habe folgendes beim Zuschauen gesehen: ... und dabei habe ich folgendes gedacht und gespürt: ...") Der Spieler kann dann selber vergleichen, wie weit seine Spielabsichten erfolgreich waren, und ist nicht durch harsche Kritik für immer verunsichert, sondern kann darauf aufbauen und weitere Wagnisse (!) eingehen. Es geht also auch ganz ohne (negative) Kritik.

Als Grundkriterien sind immer wieder neu bei jeder Übung zu betonen und als Beobachtungsübung und Bewertungskriterien beim Zuschauen zu üben:

    KONZENTRATION
  BEWUSSTE ANWESENHEIT (PRÄSENZ)
      VERTRAUEN

III. Übersicht: Der Weg von ersten Vorübungen zum Spiel[6]

Warm-ups

Körpersprache	**Interaktion**	**Animation**
Solo	(Vertrauensübungen)	(Spielaufgaben,
Partner	Partner	z. B. Material-
	Gruppe	verfremdungen)

Ziele:
Ensemblespiel
(Partner)
Präsenz
(Konzentration, Gesicht, Körper)

Spielübungen (Etüden)
Spielimprovisationen mit je drei Tätigkeiten, die allmählich zu einer rhythmisierten Handlungsabfolge kombiniert werden, ohne unbedingt gleich Sinn ergeben zu müssen:

Körper-Spiel	**Requisit**	**Instrument**	**Stimme**	**Maske**
Körperhaltung (Typ), Gänge, Bewegung nach Musik und Partnerstimulanz	Spielgegenstand verfremden zu Handwerkszeug oder Kostüm	Geräusche, Gegenstände musikalisieren (timen)	Dada, flüstern, quietschen, Gramolo, atmen, schreien, schmatzen, singen, Buchstaben, Wortfetzen erfassen	Schminke, Gipsbinde, Pappmaché für Posen nutzen

Spiel
Die Spieler ordnen sich den wechselnd-dominanten Figuren im Spielzentrum (Spielintelligenz) unter und verhalten sich selber ständig wechselnd dominant und chorisch.

Die Etüden (szenische Abschnitte) werden nach dramaturgischen Gesichtspunkten (roter Faden) geordnet (Spannung steigern; Protagonisten und Antagonisten wechseln sich möglichst ab; chronologischer(?) Ablauf anstelle von Spannungskurve (lose Szenenfolge).

a. simultanes **Neben**einander	b. zusammenfließendes **Mit**einander	c. variierendes **Nach**einander

IV. Körpertraining, Interaktion und Spielübungen

1. Beispiele für Warm-ups

1.1 Gymnastik:

Es geht los mit leichtem Körpertraining.
Am besten reihum. Jeder Spieler schlägt (s)eine Übung vor, denn alle kennen das aus dem Sport, und so findet gleich jeder Gelegenheit, sich einzubringen. Empfehlenswert ist es, mit dem Kopf zu beginnen und langsam bis zu den Fußübungen vorzudringen. Statt Kopfkreisen lieber nur partielle Halsdehnung zulassen. Möglichst an alle Teilbereiche denken: Schultern, Arme, Hände, Finger, Wirbelsäule, Rumpf, Bauch, Schenkel, Füße. Auch ein kurzer Dauerlauf ums Schulhaus ist hilfreich, bevor Dehnübungen eingesetzt werden. Der Lehrer macht alles mit und fühlt, denkt und steht, wie die Gruppenmitglieder auch, nachher ganz anders, nämlich gesund, gut und schön.

1.2 Interaktionsspiele:

● **Reise nach Jerusalem**
In der Mitte stehen zwei Reihen Stühle, um die die Gruppe nach Musik marschiert. Aber es ist ein Stuhl zu wenig. Also wird beim plötzlichen Halt der Musik einer keinen Platz finden und ausscheiden.

● **Stuhlkreis**
Die Gruppe sitzt im Kreis. Einer verläßt seinen Stuhl und will sich wieder setzen, aber die Gruppe rückt Stuhl für Stuhl nach, und es gelingt ihm nur durch Unachtsamkeit eines Mitspielers, der an dessen Stelle jetzt versuchen muß, Platz zu nehmen.

1.3 „Die Welle":

Um von der reinen Physis mehr in die eigene Befindlichkeit vorzudringen, läßt sich hier die sog. „Welle" anschließen.
Grundstellung: fest auf dem Boden stehen; Körper aufrecht, die Schultern hängen lassen, Kopf leicht nach hinten nehmen, aber Gesicht senkrecht stellen (Kinn leicht in Richtung Brust führen). Die Fußsohlen sind fest mit der Erde verankert, und der Kopf stützt den Himmel: Wir fühlen eine neue majestätische Achtung vor uns selber und akzeptieren die Einmaligkeit unseres Körpers, der uns – gleich in welcher Größe – geschenkt wurde.

WIR FÜHLEN UNS GROSS,
GEBEN ABER NICHT AN
WIR SIND NICHT GRÖSSER,
ABER AUCH NICHT KLEINER
WIR SIND GANZ BEI UNS
ICH BIN NICHT AUSSER MIR
ICH BIN ICH

Aus dieser Grundhaltung die Wirbelsäule langsam zentimeterweise (Wirbel um Wirbel) nach vorne beugen, bis die Hände bei gestreckten Beinen den Boden berühren; dann ebenso langsam wieder aufrichten. Das Ganze soll im Zeitlupentempo sehr lange dauern (Langsamkeitswettbewerb), und vor allem darf kein Wort gesprochen werden.

Mit diesem neuen Grundgefühl gegenüber unserem Körper spüren wir schon theatralische Darstellungsmöglichkeiten (etwa „königliche Haltung" ohne die übliche Arroganz des Klischees).

Die Welle bietet nun in einzelnen extremen Wirbelsäulenpositionen eine Reihe von typischen Körperhaltungen, die sich dadurch für die Typisierung von Figuren und deshalb auch als Warm-ups bei Proben eignen.

Denkbare Hauptpositionen sind: Kopf gesenkt und/oder Rundrücken („Alter", „Pechvogel" etc.), Hohlkreuz („arroganter Diener"), überaufrechte Haltung („Vogelmensch", „Soldat"), Hohlkreuz mit Rückenlage („Fettwanst", „Prahlhans", „Miles Gloriosus"), in der Hüfte nach vorn abgeknickt („gichtiges Weiblein"). Die ganze Palette der Commedia-dell'arte-Figuren läßt sich simpel aus der Körperhaltung erfinden: der Zanni (Clown), Geizige, Inamorati (Verliebte), Prolet, der weltfremde Gelehrte oder der allem Sinnlichen aufgeschlossene Geistliche und der wieselflinke Harlekin.

▷ **Aufgabe 1:**
Erfindet eigene „Monstrositäten", Körperhaltungen, die etwas zum Ausdruck bringen.
Die Haltungen können ergänzt werden durch Veränderungen der Beine und Füße: z.B. durch das Einknicken in den Knien oder im steifen Durchdrücken; Gehen auf dem Außen- oder Innenspann, auf den Zehen oder auf den Fersen.

▷ **Aufgabe 2:**
Probiert alles einmal aus und beobachtet, wie ihr euch dabei fühlt, und laßt euch von anderen erzählen, woran ihr sie in dieser Haltung erinnert.
„Spektakulär" können sie kombiniert werden durch unsymmetrisches Einsetzen der Gliedmaßen: seitlich in den Knien, in der Hüfte, in den Schultern oder den Kopf verdreht bzw. jeweils nur ein Glied „verrenken," wie z.B. eine Schulter beim „Glöckner von Nôtre Dame".
Der Spieler spürt Zonen seines Körpers ganz neu und wird sich auch innerlich anders fühlen, also eine neue Rolle „verkörpern". Sie mit Sinn zu füllen, ist Sache des Spielleiters und der Gruppe, die ihm einen Typen oder eine Geschichte zu der vorgeführten „Persona" (lat. Maske, hier: Figur) spiegeln können. Jetzt lassen sich schon körperlich erspielte Ansätze steigern durch entsprechende Kostümierung/Staffage/Maske (Wanst, Buckel, Glatze, Säbel ...)

▷ **Aufgabe 3:**
Erfinde für dich einen spektakulären Fantasietyp. Halte ihn durch beim Gehen, Rennen, Sitzen.

1.4 „Nô-Gang":

Als direkte Fortsetzung der Wellenübung kann man gleich einen (verfremdenden) Gang anschließen, z. B. den „Nô-Gang":
Aus der Grundhaltung (s. o.) kippen wir leicht das Becken nach vorn und gehen ca. handbreit in die Knie. Bei sonst völlig aufrechter Haltung sind wir rund 15 cm kleiner geworden. Das Gefühl der (inneren) Größe bleibt erhalten, und mit dem feierlich fixierten Blick geradeaus in Augenhöhe, ohne uns ablenken zu lassen, beginnen wir, sachte das Gewicht auf ein Standbein zu verlagern, um dann ebenso sachte den freigewordenen Fuß um 30 cm weiter vorn aufzusetzen, ohne (!) dabei schon das Standbein zu entlasten. Erst wenn der versetzte Fuß steht, darf das Körpergewicht auf das neue Standbein verschoben werden.

Ablauf:
Die vier Phasen, die anfangs äußerst präzise und gleichmäßig aufeinander folgen sollen, müssen durch Pausen strikt getrennt werden. Dabei sind die Pausen genauso wichtig und deshalb auch genauso lang auszuhalten wie Bein- bzw. Hüftbewegungen. Muster:

1.a. Gewicht auf ein Standbein verlagern
 b. Pause
2.a. Freigewordenen Fuß vorsetzen
 b. Pause
3.a. Gewicht auf neues Standbein verlagern (d. h. Hüfte nachschieben!)
 b. Pause
4.a. Altes (freigewordenes) Standbein vorsetzen
 b. Pause
usw.

▷ **Aufgabe 1:**
Halte diese Übung möglichst lange bei beliebiger, allerdings ruhiger Musik durch (Wettbewerb?), und versuche durch Haltungsanpassungen jede Art schon von leichter Verkrampfung zu vermeiden. Mache notfalls eine (stumme!) Pause, und kehre gleich wieder in das Gruppenspiel zurück. Beobachte dich dabei, und wenn du nach einiger Zeit schon sicherer bist, auch ab und zu die anderen. Genieße dein Körpergefühl und die dadurch entstandene Stimmung, auch wenn alles noch ungewohnt und etwas anstrengend ist.

Wirkung:
Die starke Konzentration auf den ungewöhnlichen Bewegungsablauf teilt sich als etwas starrer, aber dafür auch starker Gesichtsausdruck mit und zieht den Zuschauer wegen des großen Ernstes in seinen Bann. Da die Schreitbewegung nicht mehr wie gewohnt aus der Hüfte kommt und somit nicht mehr die typische Auf- und Abbewegung vorführt, erhält dieser Gang einen merkwürdigen Schwebezustand, der fast schon eine Form des Tanzes zu nennen wäre.

Andererseits gewinnt der Spieler mit dieser scheinbar einschränkenden Gangart in Wirklichkeit an Bewegungsfreiheit, weil sie aus der Körpermitte kommt (vgl. Samurai, Ballett oder den Sternschritt der Basketballer). Er sorgt auch für körperbewußtere Standfestigkeit bei „wackeligen" Körperstellungen. Zusammen mit Musik, Requisiten und Garderobe lassen sich traumartige Einzel- und Massenaufzüge inszenieren, die man ohne Sprache erträgt, weil sie einfach spannend sind.

DAS SCHÖNSTE AUF DER BÜHNE
IST IMMER DER MENSCH
UND DAS WICHTIGSTE AN IHM
SIND SEINE AUGEN

▷ **Aufgabe 2:**
Finde „spektakuläre" Haltungen, die du extrem, aber ohne zu verkrampfen für eine längere Zeit durchhalten kannst. Auch hier macht Übung natürlich den Meister. Sprich mit dir, mit einem Partner. Was verändert sich bei dir?
Vorsicht!
Bei Schmerz die Haltung etwas lockern. Erstaunlich oft haben Schüler bereits Wirbelsäulenprobleme. Grundsätzlich braucht zwar die Körpersprache extremste Ausnutzung der körperlichen Möglichkeiten, aber „zwei Millimeter vor der Schmerzgrenze" hört der „Spaß" auf, was aber nicht heißt, daß durch Training keine Steigerungen erzielt werden könnten.
Weiterführung:
Die Gruppe übt den Nô-Gang weiter mit den verschiedensten Musiken. Das ist wichtig für die traumhafte Stimmung und verringert die störende Sprechlust. Die

Konzentration wird auf jeden Fall erhöht. Zur Steigerung, aber auch zur Kontrolle kann man partnerschaftlich üben: Ein Spieler faßt beidseitig von hinten um das Becken herum und drückt mit seinen Fingerspitzen leicht von vorn auf die Beckenknochen seines Vordermannes, damit dieser gegen diesen leichten Druck die Schreit- von der Schubbewegung bewußter trennt.

Dabei nimmt der „Kontrolleur" dieselbe Haltung ein und schließt sich den Bewegungen des Vordermannes an. Nach einer Weile gelingt ihm das mit geschlossenen Augen, nur über den Kontakt über die Fingerspitzen, so daß eine neue und äußerst angenehme Art „Blindenführung" entsteht: Beide Partner „schweben".

Jetzt dürfen auch der Oberkörper beim Schreiten gedreht und die Arme fließend in die Bewegung einbezogen werden.

D. h. seelische Regungen werden offenbar, wenn z. B. der Gang vorwärts gerichtet ist, aber der Kopf (Blick) sich nicht von seinem Ausgangspunkt (Hinten) lösen kann. Oder einer lockt einen Partner mit Blicken, ihm in eine andere Richtung (die sein Körper einschlägt) zu folgen.

Die „Einzelgänger" und Zweiergruppen sollen sich unmerklich und individuell allmählich zur Gruppe verdichten und in eine sich entwickelnde Richtung wenden. Dabei wäre es gut, wenn jeder einen oder mehrere Mitspieler leicht oder spektakulär berührt: Ellenbogen gegen Schulter, Bein an Bein oder Kopf an Hüfte etc., oder man ergreift nur das Requisit des anderen und bespielt es (füllt es durch den Gebrauch mit neuem Sinn) zu zweit.

Dabei können einzelne auch rückwärts oder seitwärts im Pulk mitgehen. Symmetrie und Doppelung sind als langweilig zu vermeiden. Aber es soll immer ein Spielmittelpunkt gefunden werden, d. h., einer macht sich (vorübergehend) zur *zentralen Spielintelligenz*, indem er möglichst viele Spieler in seinen Bann zieht. Nur müssen die übrigen in ihrem Spieleifer aufpassen, daß sie nicht zu schnell eine neue Mitte aufbauen wollen, bevor die andere sich harmonisch auf- und abgebaut hat. *Auch hier gilt, daß Zusammenspiel der Gruppe eben das Gegenteil von Dominanz eines einzelnen bedeutet.*

1.5 „Spiegelspiel":

Für das Problem der *Spieldominanz* eignet sich als Übung das „Spiegelspiel":
Ein Spieler muß den anderen getreu imitieren.

Fortgeschrittener ist allerdings, wenn sich beide so konzentriert betrachten, daß statt Dominanz und Nachäffen eine *gemeinsame Aktion* entsteht, wo niemand mehr zu führen scheint, sondern sich alles als großes (wortloses) Einvernehmen von selbst ergibt.

Oder zwei Spieler sitzen sich mit großem Abstand gegenüber und fixieren sich, bis sie, das Spiegelspiel verlassend, nur noch nach den Stimuli des Gegenüber sich irgendwie näher kommen, wobei es völlig offenbleibt, wie und welches Verhältnis sie zu (oder gegen)einander finden werden.

Auch hier wird deutlich, daß Zufall und Wortlosigkeit ganz andere (kreativere) Zugänge zum Spiel ermöglichen als die gymnasiale „Geschwätzigkeit". Gefühle lassen sich eben nicht herbeidiskutieren, sie müssen gefühlt werden, und – das ist das zu Lernende – dann lassen sie sich theatral tatsächlich auch vermitteln.

1.6 „Zauberspiegel":

Ein Spieler hält dem anderen die Hand vor das Gesicht und fixiert damit den Blick des Partners, so daß dieser der Hand wie in Trance in die kleinsten Bewegungen folgt. Zuerst bewegt diese Hand nur den Kopf (kippen, drehen), dann folgt ihr der ganze Mensch durch den Raum. Dabei kann man den Partner – immer sorgfältig, d.h. in Zeitlupe und sehr aufmerksam, daß die Spielimpulse auch wirklich ausführbar sind – auf dem Boden „ablegen" und wieder auferstehen lassen. Mit Musik unterlegt wird diese Übung schon zu einem theatralen Ereignis, weil beide Partner völlig aufeinander konzentriert sind und liebevoll bzw. vertrauensvoll miteinander umgehen. Dabei entstehen bereits interpretierbare Bilder und Handlungen.

▷ **Aufgabe:**
Macht eine kleine Vorführung, beobachtet genau und schildert eure Erlebnisse. Vielleicht beginnt euer zu erfindendes Märchen mit so einer „Verzauberungsszene"?

NACH INNEN SEHEN
WIRD NACH AUSSEN ZEIGEN

1.7 Trippelgang:

Für schnellere („frechere", „verspieltere", „jugendlichere") Gangarten bietet sich an, im Gehen und Stehen ständig locker und behende auf den vorderen Fußballen zu trippeln. Je stärker und rascher/fließender die Verrenkungen des Oberkörpers, der Arme und des Kopfes sind, desto interessanter (spektakulärer, skurriler) wird der dargestellte Typ.
Flott-freche Musik hilft bei dieser anstrengenden Übung, die man anfangs nur kurz üben kann.

Weiterführung:
Zur „Theatralisierung" dieser Techniken verteilt man wahllos Gegenstände und kleinere Garderobeergänzungen an die Übenden, ohne sie wirklich zu stören, d. h., ein Spieler nähert sich einem anderen einzeln und im gleichen „Gang" und überreicht spielerisch im gleichen Rhythmus etwas von höchster Wichtigkeit oder Verspieltheit, mit Liebe oder Ekelhaftigkeit ... (z.B. einen Schuh, einen Stuhl, ein Klopapierröllchen, oder er hängt jemandem einen weißen Schal über die Schulter. Ein Telefonapparat führt vielleicht zu herrlichen Selbsttelefonaten ...)
Manche Spieler werden das Mitspielangebot annehmen und weiterentwickeln, andere bleiben bei ihren Ideen und führen das Requisit mehr oder weniger integrativ mit oder reichen es an andere weiter. So stiftet das Requisit stumme (!) Kommunikationssituationen, die insgesamt zu Bildern oder gar Spielhandlungen führen, die der aufmerksame Spielleiter hinterher in einer Besprechungsphase der Gruppe als Feedback spiegelt. Der Zufall und die Konzentration stiften hier Zusammenhänge, die niemand erdacht haben würde. Selbst wenn sie teilweise noch „Nonsens" sind, spürt jeder bereits die Intensität und Schönheit bzw. Frechheit dieser oft auch märchenhaften Aktionen.

Exkurs: Theater und sein Ursprung

Dann schließt der Spielleiter erst einmal einen kleinen Exkurs an und fragt, was eigentlich Theater und sein Ursprung sei. Kirchen- und andere Festlichkeiten mit bestimmten Riten machen eine Situation besonders schön oder interessant, damit den Teilnehmern etwas Wichtiges mitgeteilt wird oder etwas Schönes widerfährt, das sie irgendwie betrifft. Damit werden sie vorbereitet oder eingestimmt: durch konzentrierte und stimmungsvolle Beleuchtung, durch bestimmte Requisiten oder besondere Garderobe. Auch beteiligt werden sie durch Aufstehen, Mitsingen, Klatschen, Nachsprechen usw. Dafür gibt es natürlich besondere Regeln:
- ausreichende Lautstärke für den großen Raum;
- Deutlichkeit der Sprache, Gesten und Requisiten;
- Aufsuchen von Licht (sich nicht ins Dunkel stellen und niemanden verdecken oder ihn gar in den eigenen Schatten stellen);
- die imaginäre „vierte Wand" nicht ungeprüft durchbrechen (das Publikum nur in der Ausnahme direkt ansprechen).

Was bedeutet in diesem Zusammenhang eigentlich Schauspielen?

SCHAU – SPIEL
EMOTIONEN SELBER FÜHLEN : HANDLUNGEN AUSFÜHREN
UND PSYCHISCH AUSLÖSEN : UND PHYSISCH ZEIGEN
DURCH SCHAUEN : DURCH SPIELEN
(ZUR SCHAU STELLEN)
THEATER HEISST VERÄNDERN
SICH SELBER : DEN ZUSCHAUER
SICH ÜBERWINDEN : DAS DU ÜBERZEUGEN
DURCH PHYSISCHES SPIELEN : DURCH PSYCHISCHES SCHAUEN
HANDELND SICH ÄNDERN

2. Übungen für die „Präsenz"[3]

2.1 Allgemeine Übungen und Tips

- Zu zweit Rücken an Rücken ohne Hände aufstehen.
- Mit geschlossenen Augen langsam, aber ohne Tempominderung „gegen eine Wand laufen" und selber merken, wenn es nicht weitergeht, ohne sie zu berühren.
- In Grundhaltung stehend die Arme entgegengesetzt kreisen.
- Jeder körperliche Typ ist eine konzentrierte Zurschaustellung der eigenen Person. Je kniffliger die Körperhaltung, desto höher der Konzentrationsgrad, der in der Ganz- oder Teilkörperspannung und vor allem über das Gesicht mitteilbar wird.
  Also immer wieder neue Gänge finden (s. „Nô-Gang" oder die „Welle", S. 16 und 14).
  Weitere Beispiele: „Glöckner von Nôtre Dame", Roboter, Spieluhrfigur.

- Pantomimische Übungen aller Art mit Tocks am Anfang und Ende jeder noch so kleinen und großen Bewegung.
- Zu zweit hintereinander spontan (ohne Absprache durch Ausprobieren) eine taktile (durch Berührung) Kommunikationsart entwerfen, nach welcher der Vordermann sich bewegen soll: z.B. auf Nacken tippen: geradeaus, auf rechtes Schulterblatt tippen: rechts herum, auf linkes Schulterblatt tippen: links herum; auf Kopf klapsen: halt.
- Zu zweit hintereinander spontan eine akustische Kommunikationsart entwerfen, nach welcher der Vordermann sich bewegen soll: z.B. Pfiff: geradeaus, Froschquaken: stop, Fingerschnippen: links, Händeklatschen: rechts. Erweiterung: z.B. Schnalzen: kleiner werden, Glissandopfeifen[4]: größer werden.

▷ **Aufgabe:**
Entwirf mit deinem Partner ein Kommunikationssystem (Mischung aus taktil und akustisch), nach dessen Rhythmus du ihn über die Bühne „transportierst".
Entwerft ein System, nach dem ihr beide zusammen in einer Art Handlung oder Geschichte über die Bühne gelangt: z.B. einer ist „erkältet" und macht laufend typische Geräusche und Gesten; der andere – wie zufällig – reagiert auf alles mit seiner „Rolle", z.B. ein sehr nervöser Mensch, der sich ganz auf seinen geradlinigen Gang konzentriert, aber durch die Schnupfengeräusche immer wieder aus dem Takt kommt oder die Richtung verliert, weil er glaubt, jemand habe ihn angesprochen, ohne daß die Spieler scheinbar einander bemerken.
Erfindet eine Reihe solcher Szenen, und versucht sie dann in einer Reflexionsphase zu einer chronologischen Reihenfolge zusammenzubauen, wobei ein gemeinsamer Takt durchaus verschiedene Rhythmen beinhalten kann. Das ganze ließe sich auch mit einer gemeinsamen Musik unterlegen. Falls in der entstehenden Story etwas fehlt, versucht ihr zu dem gewünschten Thema noch eine Szene zu finden.

2.2 „Denkmal bauen":

Die Gruppe formt einen Spieler, der in Teilkörperspannung jede Veränderung beibehält, bis er eine gewünschte Haltung einnimmt.
Erweiterung:
Die Gruppe legt das Denkmal ohne Haltungsänderung (Ganzkörperspannung) auf den Boden; die Gruppe nimmt das Denkmal auf, trägt es ein Stück und legt es wieder ab; die Gruppe stellt das Denkmal wieder auf.

▷ **Aufgabe:**
Stellt ein „Schaufenster" aus Modepuppen zusammen, die tagsüber steif lächelnd stehen und sich nachts bei geheimnisvoller Musik märchenhaft bewegen.

▷ **Spielidee:**
Ein Kind/Einbrecher/Clochard kommt an ein Schaufenster und schaut verträumt auf die Auslagen, bis die Puppen erwachen und der Besucher entweder ins Spiel hineingezogen wird oder selbst erstarrt, bis zuletzt die Puppen wieder einfrieren, und der Zuschauer nicht weiß, ob er geträumt oder gewacht hat.

3. Vertrauensübungen

Vorsicht!
Bei den folgenden Übungen ist es aus Sicherheitsgründen ganz besonders wichtig, disziplinierte Ruhe zu bewahren. Achtet also auf absolutes Schweigen und völlige Konzentration!

3.1 „Blindenführung":

Der „Führer" hält seine Zeigefingerspitze in Brusthöhe hoch, und der „Blinde" tippt leicht mit seinem Zeigefinger darauf. Das ist der einzige Kontakt. Der Blindenführer bemüht sich, jeden harten Zusammenstoß mit anderen zu vermeiden, und versucht seinem Schützling mit großer Aufmerksamkeit das Gefühl von Geborgenheit zu vermitteln. Das bedeutet natürlich, daß er nicht redet oder dem ihm Anvertrauten angst durch zu großes Tempo oder zu komplizierte Aufgaben macht. Zwischendurch kann er ihn an Personen oder Gegenstände heranführen, um sie ihn tastend erfahren zu lassen.
Variation:
Die Spieler laufen, ohne das Tempo zu mindern, blind auf eine Wand zu, wo der Spielleiter sie (an variierenden Punkten) auffängt.

3.2 „Kegelaufstellen":

Ein völlig steifer Spieler läßt sich auf einem Punkt stehend zwischen zwei weiteren Spielern hin- und herfallen. Die Mitspieler fangen ihn mit Ausfallschritt vorsichtig abfedernd auf und stellen ihn wieder gerade, bis er abermals „umfällt".
Dasselbe kann auch im Gruppenkreis stattfinden.
Auch hier Konzentration ohne Albereien. Verletzungsgefahr!
Es gilt zu lernen:

KONZENTRATION STATT GEISTREICHELEIEN
MACHEN STATT DISKUTIEREN
SPÜREN STATT REDEN

V. Einstiege ins Spiel

1. Etwas mit einfachen Requisiten und Körpersprache darstellen

Mitzubringen ist(neben bewegungsfreundlicher Bekleidung) ein ausrangierter Gegenstand, mit dem sich theatralisch etwas anfangen läßt, das mit seinem ursprünglichen Verwendungszweck nichts mehr zu tun hat, ihn aber noch (witzig) sichtbar werden läßt (z.B. Teekessel als Helm, Kochlöffel als Zepter, Tennisschläger als Gitarre, eingeschaltetes umgekehrtes Bügeleisen als Bratplatte für Eierkuchen, Buch mit Quaste und Papierkranz für den Kopf als Doktorhut oder barocke Lockenpracht aus goldfarbenen Klopapierrollen). So kann ein Gegenstand zu einer Metapher[5] werden. Am besten ist es allerdings, wenn dieser die Worte nicht nur (langweilig) illustriert (simple Doppelung), sondern interessant „weiterdenkt" (eine andere Ebene mit ins Spiel bringt). Oft reicht schon das Wörtlichnehmen des Wortes durch den Gegenstand, z.B. in der Aufgabe, das Thema Bücherwurm darzustellen:
Reihung von Büchern auf der Bühne?
Oder ein bebrillter Spieler bohrt mit einem Handbohrer alte Bücher an?
Oder ein Spieler bewegt sich wie eine Raupe (mit Riesenbuch auf seinem Rücken und bebrillt) flach auf dem Boden; Hände und Beine angezogen, bis er auf Ellenbogen und Knien steht; sich wieder ausstreckt und sich dabei vorwärts bewegt, z.B. in Richtung einer Bücherwand, durch die er sich hindurcharbeitet (-frißt)?
Oder die Raupe nähert sich einer Zeitung, die sie einfach genüßlich auffrißt (Steigerung: blutrote Bildzeitung)?
Oder Darstellung, daß die Bücher einen Spieler wurmen: Ein Spieler liest ausgiebig, dabei die Lektüre („verschlingend") wechselnd; er verwandelt sich bei jeder neuen Leseposition mehr und mehr in einen Wurm, der zuletzt als fette Raupe kaum noch von der Bühne kriechen kann? (Es hat ihn „tierisch gewurmt".)
▷ **Aufgabe 1:**
Sucht nach weiteren Ideen oder anderen Begriffen, die ihr darstellen könnt. Besonders geeignet sind Komposita (Gift-Schlange), Tautologien (weißer Schimmel; lauter Knall), Paradoxe (langsam schneller werden; sich zusammensetzen, um sich auseinanderzusetzen), verfremdete Sprichwörter (Morgenstund ist aller Laster Anfang).
▷ **Aufgabe 2:**
Spiele folgende Beispiele für aus Tautologien und Paradoxen gewonnenen Metaphern bildlich oder verbal:
● zottelhaarige Märchenprinzessin sucht quirligen Flammenwerfer;
● unkompliziertes Sensibelchen sucht intellektuellen Bauern;
● lebendiger Oberstudienrat sucht blutjunge Endvierzigerin;
● hellwacher Träumer sucht streitbare Friedenstaube;

oder:
- unbewegliche Nachmittage;
- fauchende Abgründe;
- schwarze Schritte;
- hölzerne Tritte.

2. Spiel mit Verfremdungen

Auch mit Gegenständen kann man bildliche, akustische, funktionale und raumschaffende Verfremdungen zum Genuß der Zuschauer produzieren, sich dabei kreativ mit der Umwelt auseinandersetzen und sie sich aneignen. Die gestisch-mimische und stimmliche „Bespielung" der Gegenstände aktiviert und unterhält den Zuschauer durch „Aha-Effekte" und verdichtet Atmosphäre und Spannung schon durch die eigene Veränderung dem Gegenstand gegenüber. (Übrigens eine der stärksten Möglichkeiten des Schultheaters!)

▷ **Aufgabe:**
Geht rasch im Kreis um einen Haufen Gegenstände und sucht im Rhythmus, ohne lange zu überlegen, damit möglichst der „Bauch" und nicht so sehr der Kopf bemüht wird, nach immer neuen „Metaphern" (Assoziationen, an was der jeweilige Gegenstand euch erinnert). Seid findig und macht evtl. einen Wettbewerb, wer die meisten Einfälle hat.

Beispiele:
Anachronismus

Ein antiker Wächter (Speer, Helm ...), der kaum das ABC beherrscht, tippt sein Vernehmungsprotokoll in eine umgehängte Schreibmaschine.

Die „hohle Gasse" im „Wilhelm Tell" oder der „Hohlweg", in dem Ödipus seinen Vater erschlägt, werden durch das Verkehrszeichen „Engstelle" oder „Sackgasse" markiert.
▷ **Aufgabe:**
Erfinde eigene Beispiele zur Sichtbarmachung von tierischen Eigenschaften eines Menschen (z.B. rote Schukodose als Schweinenase umbinden; ruckartige Kopfbewegungen vor und zurück: „einen Vogel haben"; der König rechnet auf einem Taschenrechner seine Schulden/Steuern aus usw.)

Umfunktionierung

Ein Mitspieler wird z.B. als Kleiderständer umfunktioniert. Erweiterung: Der Kleiderständer wird lebendig.
▷ **Aufgabe:**
Suche nach Verwendungsmöglichkeiten deiner Arme und Beine (wie Flügel oder Ruder).

Wörtlich nehmen von Metaphern

Dem dümmlichen Wächter ein wirkliches „Brett" – am besten mit einem dicken Nagel darin – um den Kopf binden.
▷ **Aufgabe:**
Spielt Charaden und erratet Sprichwörter und Begriffe.

Multifunktionalität

Einen Stock nach Belieben unvermittelt hintereinander als Waffe, Fernrohr, Krücke, Taktstock, Motorradlenker, Steckenpferd usw. einsetzen.
▷ **Aufgabe:**
Erfinde eine Szene mit möglichst vielen Veränderungen eines einzelnen Gegenstandes.

Illustration

Zur Verdeutlichung widerstrebender Gefühle und Gedanken z.B. zweier (Chor-)Gruppen durch hin- und herwogendes Seilziehen, während sie sich (sprachlich) streiten.
▷ **Aufgabe:**
Erfinde weitere Handlungen und lasse die anderen raten, für welche Situationen sie passende Stimmungen oder Bedeutungen liefern können.

Verfremdung von Gängen

Der coole Kellner kommt unbewegt auf Rollschuhen oder Skateboard mit vollem Tablett in vollem Tempo durch den Vorhang (Plastikstreifen) gebraust, dreht starr eine Runde und braust ebenso starr wieder durch den Vorhang ab.

▷ **Aufgabe:**
Bringt Skateboards, Rollschuhe, Fahrräder mit und benutzt sie für witzige Transportmöglichkeiten für Standbilder und nutzt die Geräte vor allem unkonventionell (jemanden steif auf Rollschuhen an einer Schnur über die Bühne ziehen; zwei verbundene Fahrräder als Festzugswagen mit möglichst vielen Personen bestücken usw.).

Symbolisierungen

Ein überdimensioniertes Schlüsselloch, das lustvoll mit Zungenschnalzen, „Ah" und „Oh", Schmatzen, Pfeifen oder „Ts ts ts" innerhalb einer hindurchgaffenden Gruppe weitergereicht wird, ersetzt anspielungsreich das Geschaute.
Oder:
Ein mit Draht bespannter Rahmen wird durch den Text zum goldenen Käfig:
A: *(Mitleid heischend)* Ich sitze in einem Käfig gefangen.
B: *(dümmlich stolz)* Aber er ist aus Gold!
▷ **Aufgabe:**
Stellt – zur Probe erst aus Papier – Gegenstände her, die durch euer Spiel etwas symbolisieren können.

Umfunktionierung

Stangen, die in der Szene vorher z. B. als Spiegelrahmen oder Absperrungen dienten, werden unvermittelt durch entsprechende Bewegungen zu mächtigen, im Wind knarrenden Bootsmasten verwandelt.

Kulissenersatz

Ein Telefon und eine Vase auf einer Kiste schaffen einen ganzen Innenraum.
▷ **Aufgabe:**
Stellt ohne Hilfsmittel möglichst viele Formen von Booten dar. Am besten eines, das sich auch vorwärts bewegt. (Z. B. zwei Spieler sitzen sich gegenüber und ziehen sich an den Händen vor und zurück, wobei sie durch abwechselndes Einknicken und gegenseitiges Abstemmen ihrer Füße tatsächlich vorwärtskommen.)

Simultane Mehrfachfunktion

König Polybos von Theben benutzt im „Ödipus" einen roten Schraubenzieher als (phallisches) Zepter. Er lutscht an ihm beleidigt wie an einem Lolli, wenn er nachdenkt oder verwirrt ist. Im Streitgespräch schiebt er ihn seinem Adoptivsohn Ödipus immer dann wie einen Schnuller in den Mund, wenn er ihm zu viel redet. Dazwischen schleckt er selber wieder – eklig-schön – geistesabwesend daran.

Gruppenspiel mit Requisit

Fünf Spieler(innen) formen z. B. den tobenden Himmelsstier in „Gilgamesch", indem sie nach Art der „Sieben Schwaben" einen Stock wie einen gemeinsamen Spieß führen, an dessen Vorderende ein Pappstierkopf befestigt ist. Man sieht gleichzeitig fünf „Einzelkämpfer", die sich im Eifer des Gefechtes auch einmal kurz trennen, aber insgesamt wie ein fünffach-starkes Wesen auftreten.
Auch ein Drache könnte aus Einzelteilen bestehen, die jeweils von den Spielern bis zu dessen Tod nur zusammengehalten werden. Mit jedem Schwertstreich des

Ritters fällt ein Kopf oder ein Körperteil (der Spieler löst sich aus dem Ganzen und verendet oder „trudelt" davon).

Requisitenspiel als Textersatz

Das „käufliche" Mädchen wird in einem Einkaufswagen feilgeboten oder vom Konsumenten transportiert. Hier wird die symbolische Originalfunktion eingesetzt. Ödipus' Mutter Jocaste dagegen verändert denselben Einkaufswagen mit Kopfkissen, Fieberkurve und dem neugeborenen Ödipus auf dem unteren Rost (für Getränkekästen) zum Rollbett eines Krankenhauses; ein Mädchen mit weißem Kittel kann sie herein- und hinausschieben. Der Wagen produziert mit dieser Nutzung den Begriff „Rooming-in" (Zusammenlegung im Krankenhaus von Mutter und Kind).

Verfremdender Einsatz von Gegenständen

Konkrete Gegenstände durch sachfremde Benutzung verfremden; *Beispiele*[6]:
- Stöcke: Waffen, Tragbahre, Krücke, Instrument.
- Tücher: Tischdecke, Bett, Wasser, Wolke, Rutschbahn, Wand (je nach Beleuchtung lichtdurchlässig).
- Kisten/Styroporwürfel: Podest, Treppe, Fahrzeug, Schiff, Turm, Berg, Mauer, Haus, Thron, Versteck, Festtafel.

- Klopapierrollen: Spielzeug, Vase, Fernglas, Nase, Clownshut, Perücke, Mobile, Stilaugen, Feuerzeug, Kerze.
- Autoreifen: Müllplatzatmosphäre, Schaukel, Nest, Brunnen, Schwimmreifen, Gürtel, Panzer, Baumaterial, Fenster.
- Seil: Raumbegrenzung, Waffe, Netz, Liane, Barriere, Gefängnis.
- Holzrahmen: Tür, Spiegel, Fensterrahmen, Thronumrandung (Hintergrund), Schiffsmasten, Barriere, Gefängnis.
- Tische und Stühle: Panzerung, Podest, Mauer, Wohnblock, Treppe.
- Militärmäntel: (für je zwei Personen) „Beziehungen", Armee (mit oder ohne Personen im Gegenlicht), Wald, Gaffer, Schattenwesen.
- Musikinstrumente: Musikalische Küche, akustische Waffe.
- Rohre: Plastik, Pappe, Metall; Fernrohr, Waffe, Tragestock, Floß, Wald, (bewegt:) Wellen, Musikinstrumente.
- Steine: Baumaterial, Rhythmusinstrument, Spielzeug, archetypisch für kaltes Herz, toter Vogel, Blume, mystisches Zeichen.
- Turngeräte: Rollschuhe, Skateboard, Rhönrad, zur Verfremdung von Gängen, Transportmittel; Ballwagen für fahrbares Gehege; Sprungkasten als Gruft.
- Plastikfolien: Wasser, Luft, Wolken, Kleidung, für Geräusche.

3. Zusammenfassende Übungen und weiterführende Schritte

3.1 Vielfache Verfremdung folgender Gegenstände:
Zeitung, Vogelfeder, Regenschirm, Klopapierrolle.

3.2 Die Spieler bringen eine möglichst große Auswahl an Gegenständen mit. Jeder soll sich einen aussuchen und auf möglichst vielseitige Art bespielen. Zeit: 5 Minuten; dann eine kleine Vorführung mit anschließendem Gespräch, bei Bedarf.

3.3 Die Spieler suchen sich ein anderes Gerät, zu dem sie sich drei markante Tätigkeiten wählen, die keinen Sinn ergeben müssen. Sie sollen zufällig und abstrakt bleiben. Jeder soll so lange diese drei Handlungen durchführen, bis so etwas wie ein Rhythmus entsteht. Dabei dürfen auch immer neue Tätigkeiten ausprobiert werden, so lange, bis der Spieler sich irgendwie wohl damit fühlt und „fertig" ist. Am besten ist dazu eine „taktlos-"schwebende Psychedelic-Musik geeignet, damit die Gruppe so richtig „abhebt". Hierzu paßt auch ausgezeichnet der Nô-Gang (s. S. 16). Zeit: 20 Minuten. Evtl. kleine Vorführung mit anschließendem Gespräch.

3.4 Die Spieler sollen sich jetzt mit den von ihnen gefundenen szenischen Tätigkeiten mit ihrem Gegenstand beobachtend auf einen der Partner einlassen und – ohne den anderen dominieren zu wollen – über ihr Requisit und das Spielangebot des Partners spielerisch Kontakt aufnehmen. Es bieten sich zur spielerischen Kommunikation an: Den dargereichten Gegenstand zu erforschen, den Spieler in seiner Rolle zu erkennen, mit dem eigenen Requisit und dem eigenen Körper – auch stimmlich – zu antworten (Echo), die Bewegung des anderen fortzuführen, die Requisiten auszutauschen oder zu verweigern, sich harmonisierend oder ablehnend zu verhalten, mit dem Gesichtsausdruck die jeweilige Stimmungslage zu verstärken (Zeichen geben). Dabei kann es passieren, daß die vorher eingeübten Gänge oder Körperhaltungen nicht immer durchgehalten werden.

Versuche aber, immer wieder in etwa dorthin zurückzukehren, wo der gefundene Menschentyp erst vielseitig und echt erscheint, egal, was er bedeutet. Die Spieler und ihre Betrachter können mit der Zeit ziemlich genau sagen, wer man ist und wie man sich fühlt. Vielleicht läßt sich hier schon eine kleine Geschichte von ihnen erzählen, die sie – bewußt oder nicht – gezeigt haben.

3.5 Durch Partnerwechsel und Kommunikation wie vorher festigt sich das Rollengefühl und man wendet bei jedem neuen Partner immer bewußter gewisse Verhaltensweisen an. Die Schüler sind zu (interpretierbaren) Typen geworden. Jetzt sollen sich in langsamen Bewegungen größere Gruppen bilden, ohne daß das Individuum seine Rolle jemals aufgibt. Das Spiel in der größeren Gruppe ist jetzt ungleich komplizierter als alleine oder zu zweit: trotz größter Konzentration auf das Spiel mit einem oder mehreren Partnern muß immer wieder darauf geachtet werden, wo das Zentrum ist, die Hauptspielintelligenz. Das kann natürlich jeder einmal sein; beachte aber, daß sich die Gesamtkonstellation laufend ändert. Reißt der Faden einmal zur Gruppe ab, muß er ohne Hast gleich wieder hergestellt werden. Falls aber die Gruppe eindeutig einen im Spiel als „Führer" oder „Opfer" ansieht, braucht er sich nicht zu verstecken, kann aber jemand anderen als neuen Führer oder Opfer „anspielen" (anreden).

Die langsam entstehende Großgruppe beschreibt am besten eine Runde durch den Raum, wobei einzelne auch rückwärts oder seitlich mitgehen, sich mitziehen lassen oder nur durch gebannten Blickkontakt aus der Entfernung an der Gruppe kleben. Langsam kommt die Gruppe zu einem Halt (Freeze). Dann geht alles rückwärts bis in eine Ecke des Raumes. 3 Sekunden Freeze. Ende.
Besonders feierlich wird die Szene, wenn das im Nô-Gang (Seite 16) geschieht. Die Stimmung überträgt sich auch auf die Konzentrationsfähigkeit der Spieler, und sie haben (Spiel-)Spaß dabei. Die Gruppe hat eine gruppendienliche Spielintelligenz entwickelt, die viel interessanter und effektiver ist, als herkömmliches Rollenspiel, das jeder einzelne erst mühsam erlernen müßte. Hier ist die Gruppe fast sofort spielmächtig und einzelne „Minderleistungen" fallen fast überhaupt nicht mehr auf, denn diese Art Theater kann jeder.

3.6 In einer Feedback-Phase kann der Spielleiter als „erster Zuschauer" der Gruppe spiegeln, was „abgelaufen" ist. Auch die Spieler können viel berichten. Beide Stellungnahmen bringen jede Menge Typen und gemeinsame Handlungen zutage, so daß sehr schnell aus den Einzelteilen eine (spielbare) Geschichte wird: Ein „Story-board" („roter Faden" eines Zeichentrickfilms) ist aus Bildern und Szenen entstanden. Darüber hinaus kann der Spielleiter Bezüge zwischen Teilen herstellen, die den Beteiligten auf der Bühne evtl. entgangen waren. Je nach Ausdauer und Ideenreichtum lassen sich Lücken schließen oder ganz neue Themen finden. Vielleicht sollte hier ausnahmsweise einmal die Videokamera mitschneiden, um den Spielern zu beweisen, wie bilderreich sie waren. Die Wiederholbarmachung dieses Kurzstückes kann schon als Etüde (Übungsstück) gelten, ganz gleich, wie unzufrieden alle mit dem roten Faden noch sind. Falls die Ideen versiegen, lassen sich durch Zufall (Durchnumerierung und „durchgemischter" Ablauf der Einzelszenchen) evtl. neue finden. Dramaturgisches Feilen (Umstellen, Ändern, Verschärfen, planvolles Erfinden von fehlenden Teilen, Glätten, Straffen) an der Spannungskurve (Ablauf, roter Faden), an der Aussage, am Stil (Einheitlichkeit) fixiert allmählich das Spielkonzept. Diese Festlegungen machen aus der Zufalls-Improvisation durch Präzisierung, Rhythmus, angemessene Lautstärke und Technik eine auch vor Publikum wiederholbare Aufführung.

3.7 Von der Improvisation zur Etüde und dann zum Stück:
Nicht mit einer Idee beginnen, nach dem Motto „ich will jetzt mal Hamlet spielen". Besser ist es, über eine spontan als angenehm empfundene Körperhaltung mittels Teil- oder Ganzkörper-Spannung sich „besonders" (anders als sonst) zu fühlen. In diesem neuen Körperbewußtsein sollen kleine Tätigkeiten ganz willkürlich ausgeführt werden, die zufällig von Interesse sind: z. B. eine Schrittfolge, Drehung in der Hüfte, Rumpfbeuge, hochgezogene Schulter und/oder auf dem Außenriß gehen und einen Stock aufnehmen bzw. hinlegen. Mit diesen Mitteln fühlt sich der Spieler anders, seine Körperhaltung erschwert u. U. das Atmen, das Sprechen, und so wird sein innen gefühlter Zustand als Typ nach außen sichtbar, hörbar, ja (nach-)fühlbar.
Sinngebung ist vorläufig nur duch Rhythmisierung (im weitesten Sinne) der – sagen wir drei – Einzeltätigkeiten erlaubt. Rhythmus soll hier lediglich heißen, daß

die Tätigkeiten immer in etwa denselben Intervallen ausgeführt werden, wobei sie sich durchaus noch verändern dürfen. Wichtig ist der Schematismus, weil dadurch der Zufall („der Bauch" und nicht der „Kopf") über die jetzt entstehende „Handlung" (Abfolge von Einzeltätigkeiten) bereichernd hinzutreten kann. Mit zunehmender Bewußtheit dieser zufällig gefundenen Bewegungen bekommt dieses Tun langsam Sinn, und der Spieler spürt sich mehr und mehr in eine Rolle versetzt, auch wenn sie noch vorrationaler Nonsens ist. Der Spielleiter kann durch Feedback die Wahrnehmungen des Spielers über seine Befindlichkeit und mögliche Außenwirkung bestärken, indem er das Gesehene verbalisiert („interpretiert").
Besonders bei Gruppenimprovisationen dieser Art kann der zuschauende Spielleiter oft gleich ganze Geschichten erzählen, die die Schüler – bewußt oder nicht – gespielt oder angedeutet haben.

4. Andere Einstiege bzw. Ergänzungen

Jeder der „Einstiege" ins Theaterspiel, die im folgenden ergänzend vorgestellt werden, eignet sich als „Proben-Baustein", der nach dem gleichen Muster bei jeder Probe einen neuen methodischen Aspekt einführt. Die Gruppe gewöhnt sich mit der Zeit an den Rhythmus: Training – Spiel – Übung – Aufgabe – szenisches Spiel und wird bald auf gewissen Lieblingsübungen bestehen. Das ist besonders wünschenswert, weil jeder Probe eine heiter gelassene Stimmung zugrunde liegen muß, damit sich Kreativität lustvoll entwickeln kann.

4.1 Einstieg über Schminke

Jede Gruppe sollte ein Schminkbuch und einen Schminkkoffer besitzen (z. B. großer „Profi-Schminkkoffer": Kryolan GmbH, Papierstraße 10, D-1000 Berlin 51, Preis von 1992: DM 568,40). Die Gruppe schminkt sich gegenseitig, evtl. mit einem übergreifenden (aber offenen) Thema, wie z. B. „Dr. Caligaris Gruselkabinett" oder „Gespenster", „Blumenkinder", „Soldaten" usw. Hier läßt sich schon der Keim für ein bestimmtes Stück legen (evtl. „Alice in Wonderland", „Watership Down", „Parzival", „Krabat" . . .).
Oder die Spieler schminken sich phantasievoll, „passend" zu den von ihnen gefundenen Rollen. Sie können sich auch einen „Maskenbildner" wählen, dem sie einfach ihre Rolle erzählen, wer sie sind (Beruf), welche Familiensituation herrscht, was sie gut finden und was nicht, und was sie deshalb zu tun gedenken. Dann soll er sie/ihn „passend" schminken.
▷ **Aufgabe:**
Erzähle deinem Partner, wer du jetzt bist:
Welche Voraussetzungen du hast (Nationalität, Milieu, Familiensituation, Bildungsstand); welche Personen (Diener, Verwandte, Freunde) brauchst du, damit deine geheimen/offenen Wünsche laut werden (für das Publikum)? Wer und was sind deine Gegenspieler? Was wollen sie? Mit wem?

Wo wohnst du? Wo könnte es passieren, daß du auf den Gegenspieler triffst? Was wird passieren? Gibt es einen Gewinner? Angst? Wen könntest du um Hilfe angehen? Welche Intrigen spinnt der Feind?

4.2 Einstieg über das Kostümieren

Desgleichen ist sehr hilfreich, über das Sich-Verkleiden zu Rollen zu finden. Auch hier ist es viel phantasievoller, nicht von einem Typen (alte Frau, alter Mann) auszugehen, sondern durch verfremdenden Umgang mit Kleidung und anderem Material (z.B. zusammengeklebte Papierstreifen oder Klopapierrollen, Autoreifen und Schlauchteile, Metallstreifen, Kochtöpfe usw.) sozusagen zufällig zu einem Typen zu gelangen.

▷ **Aufgabe:**

Suche aus einem Berg von Kleidungsstücken und anderen Materialien die (wenigen) Teile aus, die dir irgendwie interessant erscheinen. Lege sie dir verfremdend an, d.h. ein Schuh muß nicht unbedingt am Fuß getragen werden und ein Mantel hat umgedreht oft mehr Wirkung (Seidenfutter). Ein rot und ein gold angesprayter Tennisschuh haben zusammen dennoch die Wirkung „Gala-" oder „Ballschuhe". Auch aus alten Vorhängen, die gar nicht mehr weiß zu sein brauchen, wird im Bühnenlicht durchaus ein Brautkleid (viel schöner, als ein gekauftes, das ja eh von Mutti stammt und dem Kind nicht paßt, es sei denn, dieses niedliche Sich-erwachsen-Machen ist beabsichtigt eingesetzt!). Auch hier gilt wie überall auf der Schulbühne: *Weniger ist meist mehr.*

4.3 Einstieg über das Maskenspiel

Der Kunsterzieher an der Schule weiß, woher man Ton beziehen kann, wie man einen Gipsabdruck mit Binden herstellt und wie man mit viel Wasser und Leim und Zeitungspapierstreifen in ca. 4 Lagen eine Maske in die Gipsform hineinbaut. Falls einmal der sehr schöne Stoff „Ronja Räubertochter" von Astrid Lindgren dramatisiert werden soll: Da gibt es ganze Serien von Geistern, die nach Maskenideen schreien!

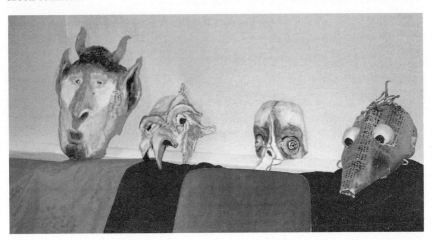

▷ **Aufgabe:**
Bringe Masken mit oder lasse welche anfertigen. Lege sie aus und lasse sie durch die Gruppe betrachten. Dann dürfen einzelne sich ihre Lieblingsmaske aufsetzen und sich mit ihnen spielerisch vertraut machen.
Stellt ein „Gruppenfoto" zusammen. Die anderen Mitglieder schauen genau zu.
Ein „Regisseur" darf dann Veränderungen mit den Maskenträgern zusammen vornehmen (durch Verformung oder verbal).
Jetzt dürfen einzelne Spieler durch andere ersetzt werden, bis die Zuschauer zufrieden sind.
Jetzt können in einer Reflexionsphase das Bild und die „Typen" besprochen werden. Auch hier kann der Grundstein für eine Szene oder ein Minidrama gelegt werden, indem mit gestellten Bildern zur Vor- und Nachgeschichte eine Story entsteht.

ZU HÄUFIGER, EXTENSIVER EINSATZ VON MASKEN
ZERSTÖRT DEN EFFEKT

4.4 Einstieg über die Musik

Vor allem psychedelische Musik eignet sich (ganz besonders natürlich bei Zeitlupentempo) für das Sich-anders (neu, fremd)-Fühlen und stimuliert die Phantasie der Spieler.
▷ **Aufgabe:**
a. Jeder stellt maximal eine Minute (!) seine Lieblingsmusik vor und erläutert seine Gründe.
b. Die Gruppe versucht nach zweimaligem Zuhören die Stimmung der Musik zu beschreiben und Veränderungen zwischen Anfang und Ende sowie den Höhepunkt festzustellen.
c. Jetzt versuchen alle einen Schauplatz mit Figuren und evtl. einer Handlung für diese akustische Szene zu entwerfen.

4.5 Verstärkung des Spiels durch Sprache

Jetzt können die Spieler auch zu ihrem Spiel sprechen, wenn sie es für erforderlich halten. Der Spielleiter wird ab mehr und mehr zum Protokollführer, der alles notiert und zu Hause evtl. sprachlich mit weiteren Vorschlägen erweitert. Es gilt aber:

WIR SPRECHEN NUR, WAS WIR NICHT SPIELEN KÖNNEN.

Langweilig wäre natürlich die bloße Doppelung von Wort und „passender" Geste. Bilder sollen für sich sprechen und Text auch. Wünschenswert ist dabei allerdings, daß das eine dem anderen etwas dazugibt, das es noch nicht hat, also eine weiterführende Ebene andeutet, wie es etwa in der Ironie und dem Slapstick üblich ist:
Er: „Ich liebe Dich."
(Er schaut von dem Mädchen weg ins Publikum und wischt sich verstohlen den Schweiß von der Stirn.)
oder
Er: „Ich liebe Dich."

(Er tritt zu dem Mädchen am Spiegel, zeigt Interesse. Als sie darauf zu reagieren beginnt, schreitet er um den Spiegel[-rahmen] herum und nimmt das Mädchen mit, das das Spiegelbild gespielt hat).

▷ **Aufgabe:**
Finde weitere Situationen für ironisches Sprechen/Spielen.

▷ **Spielvorhaben:**
Sprich mit einem Partner einen Dialog zwischen Telefonbuch und Taschenrechner (beliebige Seite bzw. beliebige Zahlen vorlesen, aber mit einer Als-ob-Betonung [Nonsens]).
Auch hier sollst du nicht immer dominieren; habe Mut zu Pausen, zu abgebrochenen Wörtern oder Sätzen, und benutze die ganze Intonationsskala deiner Stimme.
Pendelt euch dabei auf eine gemeinsame Szene ein (z. B. Liebesgeflüster, Streit, Lehrer/Schüler etc.) und verändert sie allmählich ins Gegenteil.
Denkt euch einen Ort dazu aus, wo dieses Gespräch stattfinden könnte.
Die Gruppe kann allmählich stumm mitspielen: Gaffer, schadenfrohe Journalisten, Wilde beobachten Weiße ... Sie kommen aus ihren Verstecken gekrochen, winken andere herbei, machen sich paarweise lustig, aber einer findet das gar nicht komisch und will das Paar warnen; es ist aber zu beschäftigt und kommt mit dem „Störenfried" nicht klar.
Das gibt mehr Erheiterung beim Rest der Zuschauer. Auch sie beginnen schon mit Telefonbuch- und Taschenrechnerbrocken zu diskutieren, ja sie streiten sich, wer recht habe, obwohl niemand etwas versteht. Laßt die Szene zu einem Höhepunkt eskalieren (Tumult). Abgebrochen wird er vielleicht durch jemanden mit einer Trillerpfeife; evtl. der Schaffner, der energisch die letzte Zahl wiederholt, aber darauf besteht, daß das der falsche Fahrpreis sei.
Findet eure Geschichte, euer Ende ...

▷ **Spielvorhaben:**
Sammelt oder entwerft Werbesprüche zu einem Thema (Glück, Eleganz, schmackhaft, gesund ...)
Sucht ein Lied mit ähnlichen Stichpunkten.
Verschränkt (collagiert) beides zu einem neuen Lied.

Beispiel für Collage:
A Wenn ich ein Vöglein wär
B Lufthansa, die bequemste Art zu reisen
A und auch zwei
B erschwingliche Tickets
A hätt, flög ich zu
B zum Land Ihrer Sehnsucht, Hawaii
A zu Dir
B mit charmanten Stewardessen
A weils aber nicht sein kann
B und Spitzenservice
A weils aber nicht sein kann
B trotz 15% Rabatt mit kostenlosem Leihwagen
A bleib ich all hier

B *(fällt aus der Rolle)*
Da gibt man sich die größte Mühe mit den Banausen
und wegen ein paar lumpigen Tausendern bleiben
die lieber zu Hause in ihrem Mief

Beispiel für absurden Dialog:
A ich habe „Die Zeit"
B ich habe keine
A ich lese „Die Zeit"
B ich spiele auf Zeit
A time is money
B kein schöner Land in dieser Zeit
A „Times"
B zeitlos
A mit der Zeit gehen
B ist zur Zeit aber nichts los
A ja genau: Herbstzeitlose ...

Die Spieler sollen aber, wenn es geht, sich in ihrem Text wohl fühlen, ihn sprechen können. Also muß er irgendwie aus ihnen herauskommen, was bei fertigen Spielvorlagen so gut wie nicht vorkommt. Am ehesten noch verwirklichen sie sich selber in solchen reduzierten Texten, in denen alles offen zu sein scheint. Aber es erfordert schon eine Menge Genauigkeit (Sinn kommt nicht nur durch richtige Betonung, sondern auch durch Tonlage und paralinguistische [hier: körperliche] Signale zustande).

Trotzdem darf sich der Spielleiter in diesem Stadium die Endredaktion anmaßen, da die Verantwortung letztlich bei ihm liegt, und Schüler sich nicht „entblößen" sollen, wo es nicht nötig ist, also „gewollt" wirken müßte. Außerdem kann er als einziger „Außenstehender" die Gesamtwirkung am besten vorausberechnen. Und dem Zufall darf in einer Aufführung kaum noch eine Chance gegeben werden (Wiederholbarkeit der festgelegten Mittel, die durch Improvisation gefunden wurden). Fehler kommen sowieso noch genug vor, und zu schnell ist die nötige „Power" verloren, und gähnende Langeweile oder Peinlichkeit zersetzen kraftvolles, jugendliches Spiel. Am schönsten ist Schultheater, wenn schülergemäße (oft wohltuend unerwachsene und dadurch entlarvende) Spiellösungen gezeigt werden, die dem Spielleiter am Schreibtisch nie eingefallen wären und in ihrer Unkompliziertheit einfach entwaffnen („umhauen"), weil sie machbar sind und deshalb immer stimmen.
Jetzt lassen sich auch formale Stringenzen[7] erarbeiten: Die Protagonisten[8] werden von den Antagonisten[9] getrennt auf Auftrittshäufigkeit untersucht und dann etwa abwechselnd und hin und wieder zusammen auf die Bühne gestellt. Etwaige Nebenhandlungsstränge werden ebenfalls geschickt verteilt.
Die restlichen Spieler bekommen chorische Aufgaben (Kommentare, Gesänge, Orchester, Massenszenen) und bewerkstelligen fließende Umbauten zwischen den Szenen, die sie z.B. durch kommentierende Reflexion über ihre Aufgabe (z.B. Bühnenarbeiter) zu eigenen Szenen (Nebenhandlung) gestalten.

So ist jeder Spieler gleichwichtig und alle haben ständig auf der Bühne zu tun. So wie der (immer unnötige) Vorhang ein Stück strukturiert[10] (hier negativ durch Herausreißen aus der Bühnenatmosphäre), so kann auch die Beleuchtung[11] an das Spielkonzept einen zusätzlichen Raster anlegen: Bestimmte Szenen haben ihre bestimmte Beleuchtung, so daß der Zuschauer oft schon daran erkennt, wer jetzt auftreten wird. (Richard Wagner hat das für die einzelnen Figuren mit seinen verschieden instrumentierten „Leitmotiven" erreicht.) Aber auch wiederkehrende Requisiten, die multifunktional immer als neue Metaphern durch anderen Gebrauch an Vorangegangenes erinnern und dem Zuschauer einen weiteren „roten Faden" liefern, erhöhen die lustvolle Aufmerksamkeit. Oft ist es schon witzig, für bestimmte, wiederkehrende Ortswechsel ein einzelnes Möbelstück so zu verrücken, daß fast schon alles „klar" ist, bevor die Spieler auftreten. (Um so wirksamer lassen sich wiederum die Publikumserwartungen enttäuschen: Spannung entsteht durch Rätseln, was kommt jetzt und wie kommt es diesmal?) Witzig sind auch zweiseitig beschriftete Ortstafeln, die umgedreht werden, wenn der andere Ort markiert werden soll. Eine solche Struktur kann noch weitere Konsequenzen jenseits des wirklichen roten Fadens haben, wenn die beiden Orte z. B. durch ähnliches Personal bevölkert werden, wie etwa die jeweiligen Wachen vor den verschiedenen Palästen zweier Könige: Die gleichen Spieler verändern nur durch ein Requisit oder Kostümteil ihre jeweilige Dienstzugehörigkeit (z. B. einmal durch Tragen eines Helmes, in der anderen Szene aber eines Speeres, ohne den Helm zu tragen) und verhalten sich (evtl. sprachlich) anders. Der Zuschauer versteht klare Zeichen.

Bestehende Lücken oder Brüche, die das Verständnis beeinträchtigen könnten, werden textlich überbrückt, indem wichtige Informationen im Dialog „versteckt" werden, so wie es z. B. Shakespeare mit seiner „word scenery"[12] gemacht hat, wenn er rein verbal den Spielort von England nach Frankreich verlegte und umgekehrt.

Je mehr sich aber die Gruppe auf Bilder und (Gruppen-)Aktionen verläßt, desto weniger wichtig wird, ob nun der besonders auf Festivals immer wieder geforderte „rote Faden" tatsächlich bis ins kleinste Detail verfolgbar ist. Ohne dem „Schlampen" Tür und Tor zu öffnen, sei gesagt, daß interessante Abläufe, die direkt emotional durch Bildkräftigkeit ansprechen, kleinlichem Wortgeklingel vorzuziehen sind. Bevor man sich in spielerisch vielleicht unlösbare Probleme verrennt, sollte dem Zuschauer ruhig auch einmal „dessen eigene Version" zugemutet werden. Bilder haben sowieso die Tendenz, mehrfach deutbar zu sein; das ist gerade ihr Reiz.

4.6 Stimmungen mit Gegenständen ausdrücken

Übung:
Möglichst viele Positionen alleine und dann auch mit möglichst vielen Spielern an, mit, in, um, über, unter einer Leiter finden. (Je eine Minute stehenlassen.)
Suche durch passende Mimik, Körpersprache, Töne (und andere paralinguistische Äußerungen wie Klatschen, Pfeifen, Schmatzen, Hecheln ...) oder Wortfetzen, Lallen und Phantasiegemurmel (Gramolo) etwas dazu auszudrücken.

Spielvorschlag:
1. Ein Spieler kommt mit einem Stuhl herein.
   Er stellt ihn zurecht, schaut, korrigiert, schaut, umkreist ihn, verrückt ihn, prüft Haltbarkeit, Standfestigkeit, setzt sich – fast –, Zweifel, neue Prüfung, neue Stellung (vielleicht doch wie zuallererst), sitzt, aber der Stuhl ist zu tief. Er steht wieder auf, verrückt ihn, sitzt: zu tief. Steht auf, erhöht ihn, sitzt: zu hoch, zu weich, zu weit hinten, zu seitlich, zu hart, zu normal, zu leger usw. Aber endlich sitzt er.
   Entspannung, Lächeln, Langeweile, Schlummer.
2. Da gibt der Stuhl einen Ton von sich (Tonträger oder Geräusch hinter der Bühne: Quietschen, Klappern oder tierischer Laut). Er zuckt nur etwas im Schlaf. Wieder Geräusch. Er schrickt auf, umschreitet den Stuhl, findet nichts, sitzt. Geräusch. Schreck, Untersuchung des Stuhles auch von unten.
   Entspannung, sitzt.
   Jetzt zwei Geräusche, während er sich setzt. Sofort springt er auf, zittert, sucht alles ab, schiebt den Stuhl weit weg, sitzt auf dem Boden. Entspannung. Nach einer Weile kommt das Geräusch mit einem bedauernden Seufzer wieder. Er blickt ins Publikum; lange starrt er in eine Richtung. Dann geht er drohend auf eine Person zu und deutet an, daß er sie für den Missetäter hält. Aber dann kommt wieder das Geräusch von der Bühne. Er erschrickt und deutet eine verlegene Entschuldigung an. Er umkreist den Stuhl vorsichtig und gibt ihm überraschend ein paar Ohrfeigen. Dann setzt er sich befriedigt und klopft seine Hände nach getaner Arbeit aus. Ein tränenersticktes Seufzen ist zu hören ...

▷ **Aufgabe 1:**
Schreibe einen Schluß.
▷ **Aufgabe 2:**
Spiele die Szene.
▷ **Aufgabe 3:**
a. Findet möglichst viele Positionen alleine und dann auch mit möglichst vielen Spielern an, mit, in, um, über, unter einem Einkaufswagen. Bewegt ihn auch einmal.
b. Drückt evtl. mit Mimik, Körpersprache, Tönen oder Worten etwas (eine Stimmung oder eine Absicht) dabei aus.

4.7 Einstieg über das Spiel im „leeren Raum" (Peter Brook)

- Probiert die Bühne räumlich aus. Stellt jemanden hinten, in die Mitte, vorne, rechts, links hin und beobachtet die Unterschiede. Variiert dasselbe mit frontal, diagonal, seitlich und rückwärts gewandt; kauernd, liegend, auf Podesten, auf einer Leiter, hängend oder halb verdeckt.
- Laßt ihn über die Bühne gehen, rennen, kriechen, stelzen ...
- Dasselbe mit mehreren Spielern.
- Jetzt alle.
- Jetzt mit Musik.
- Geht durcheinander hektisch-eckig; jetzt traumhaft-weich und rund.

- Stellt eine Komposition aus 5 Spielern zusammen: Bedenkt, daß Symmetrie schnell langweilt; bedenkt auch hier Unterschiede in Höhe und Tiefe, viele und wenige (wenige gegenüber vielen, z. B. 1:4, „goldener Schnitt" [etwa 2:3], diagonale Linien, ansteigend mit optischem Gegengewicht ...)

4.8 Einstieg über das Spiel mit Licht[13]

- Beleuchtet einen (später mehrere) Spieler einzeln von allen Seiten, steil von unten, von oben und stellt die Unterschiede fest. (Das geht übrigens auch mit Tischlampen, Overhead- und Diaprojektoren oder Taschenlampen.)
- Beleuchtet alles noch einmal mit viel und mit wenig Licht:
Welche „Stimmungen" werden erkennbar?

- Legt Farbfilter ein.
- Mischt mehrere Lichtquellen aus verschiedenen Winkeln. Setzt Gegenlicht ein und starke „Gassen" (quer zur Bühne aus den Seitenaufgängen)
- Bewegt euch darin. Sucht immer wieder das Licht, wenn ihr bei euren Gängen und Posen in unbeleuchtete Bühnensegmente geraten seid. Verdeckt nicht die anderen mit eurem Schatten, schaut nie in die Scheinwerfer, blinzelt auch nicht oder dreht euch geblendet weg: Schaut neben die Lichtquellen und spürt, ob auf eurem Gesicht Licht liegt (aus den Augenwinkeln, ohne wirklich zu schauen).

▷ **Aufgabe 1:**
Stellt euch im Kreis auf, schaut geradeaus in die Augen eures Gegenübers und berichtet, was ihr aus den Augenwinkeln von euren rechten und linken Nachbarn seht (z. B. Nasenbohren, Kopfschütteln, Kniebeugen ...)

▷ **Aufgabe 2:**
Verbindet das Spiel im Raum mit dem Licht und stellt beleuchtete Bilder zusammen (jeder darf einmal Regisseur sein).

4.9 Einstieg über die Pantomime

Die Pantomime hat hohen theatralen Wert als eine grundlegende Spieltechnik. Als exakte Sonderform des Theaters ist sie jedoch zu speziell. Denn sie erfordert ständiges Training und ist letztlich so aufwendig wie ein Musikinstrument. Trotzdem reizt sie Schüler wegen der verblüffenden Wirkungen, und man kann sie mit grundlegenden Übungen nutzbar machen. Die folgenden Hauptgrundlagen gelten für jedes (körperbetonte) Spiel:

> BEWEGUNGEN KOMMEN AUS DER
> KÖRPERMITTE
> GESTEN BEGINNEN UND ENDEN JEWEILS
> MIT EINEM TOCK
> NUR DEN BETREFFENDEN KÖRPERTEIL
> BEWEGEN;
> DER REST BLEIBT VÖLLIG RUHIG
> ES MUSS IMMER DIESELBE KRAFT (KÖRPER-
> SPANNUNG) ANGEWENDET WERDEN,
> DIE MAN BRÄUCHTE FÜR DIE WIRKLICHE
> TÄTIGKEIT

Ohne hier ein Lehrbuch für Pantomime zu entwerfen, können die Spieler durchaus einige Studien treiben, die sich als sehr nützlich erweisen:

▷ **Aufgabe:**
- Einen Ton formen und ihn gestisch weiterreichen,
  ihn entgegennehmen, verändern
- einen Lieblingsgegenstand „vorführen" und weiterreichen
- Banane schälen und essen (Zunge in die Backe stecken und
  darauf kauen); Pfirsich, Apfel, Brot ... (Unterschiede spielerisch zeigen)
- ein Glas Wasser trinken; Schnaps, Sekt, Milch mit Strohhalm (Unterschiede?)
  ...

Übungen:
Schnell werdet ihr merken, daß ihr alles in kleinste Einzelteile zerlegen müßt, wenn die Gegenstände bzw. Tätigkeiten klar und ansprechend werden sollen. Und das beginnt bereits für das Ausstrecken der Hand nach dem Glas:
Nacheinander erst ruckartig, dann in flüssigem Timing[14] wird die Schulter hochgezogen, dann folgt der Ellenbogen, der Unterarm, die Hand, die Finger, dann erst formt sich die Hand in Richtung Glas (auf die richtige Größe achten) und „packt" es mit einem Tock (kleiner Ruck im ganzen Arm durch Teilkörperspannung, ausgehend von der Hand).
Das „Glas" (genauer: die Hand!) wird nun in der richtigen Höhe ans Kinn geführt (nicht Mund) und samt Kopf nach hinten gekippt (Schnaps) oder vorsichtig angehoben, wobei die Lippen sich ihm entgegenstülpen und der Kopf langsam mitkippt (Glas sehr voll; nur kleiner Schluck). Schlucken nicht vergessen bei der Zurücknahme des Kopfes: Adamsapfel sichtbar bewegen; zufriedenes Ausatmen zeigen).
Am besten schaut ihr euch einmal beim Trinken mit richtigen Gläsern zu.

Isolationsübungen:
(auch als Körpertraining nach Aufwärmphase gedacht)

– Grundstellung einnehmen

– rechte Schulter mehrfach üben:
1. hoch
2. Mitte (normal)
3. tief
4. Mitte

usw.

– dasselbe mit der linken Schulter üben:
– beide Schultern gleichzeitig
– beide Schultern gegenläufig

– rechte Schulter: die Einzelbewegungen zu Kreisbewegung zusammenfassen vorwärts
– rückwärts
– linke Schulter
– beide Schultern
– gegenläufig

– Kopf
1. vorstrecken
2. Mitte (normal)
3. nach hinten
4. Mitte

usw.

- Kopf
  1. nach rechts
  2. Mitte
  3. links
  4. Mitte

usw.

- jetzt alle Kopfbewegungen zu einer Kreisbewegung vorsichtig und „rund" zusammenfassen rechts herum
- links herum

- Brustkorb (als ob du von einem Faden am Brustbein nach vorne, zur Seite, nach hinten gezogen würdest)
  1. vor
  2. Mitte (normal)
  3. nach hinten
  4. Mitte

usw.

- Brustkorb
  1. links
  2. Mitte
  3. rechts
  4. Mitte

usw.

- jetzt alle Brustbeinbewegugen zu einer Kreisbewegung zusammenfassen
- Hüfte
  1. vor
  2. Mitte
  3. rück
  4. Mitte

usw.

- Hüfte
  1. links
  2. Mitte
  3. rechts
  4. Mitte

usw.

- jetzt alle Hüftbewegungen zu einer Kreisbewegung zusammenfassen
- Kopf, Hals, Oberkörper
  1. Kopf (ohne Hals nach vorne absenken)
  2. Kopf mit Hals
  3. dasselbe plus Schultern
  4. plus ganzem Oberkörper (Hände baumeln lassen)

- dasselbe rückwärts
  1. mit dem Aufrichten des Oberkörpers anfangen;
     enden mit dem Aufrichten des Kopfes
  2. mit dem Kopf anfangen;
     zuletzt erst den Oberkörper hochnehmen
▷ **Aufgabe 1:**
Stelle möglichst viele Tierarten pantomimisch dar.
▷ **Aufgabe 2:**
Wasche pantomimisch deine Hände. (Denke an den Wasserhahn, die Seife, das Handtuch. Alle Handlungsteile dürfen nicht fahrig, sondern müssen bewußt „getimt" ausgeführt werden.)
▷ **Aufgabe 3:**
Iß pantomimisch eine Banane und versuche dabei möglichst viele Einzelphasen durch Tocks zu kennzeichnen.

4.10 Einstieg über Bildmaterial

Arno Mohr: Tanzendes Paar (Lithographie)

▷ **Aufgaben:**
1. Stelle das Bild nach (mit Plüschtieren und Tanzpaar).
2. Bewege das Bild (verstelle die Gegenstände; lasse die Tanzenden agieren.
3. Finde im Spiel einen Text dazu.
4. Suche andere Bilder (Dias, Kunstpostkarten ...), die sich zum Nachstellen eignen (z.B. Pablo Picassos „Artisten").

5. Finde interessante „Kunstfiguren" wie z.B. Oskar Schlemmers Figuren seines „Triadischen Balletts" (Bauhaus Berlin oder Staatsgalerie Stuttgart) und fabriziere Phantasiekostüme.
6. Spiele mit ihnen: Finde heraus, welche Möglichkeiten die Verkleidung läßt (Beengung?) und welche neuen Möglichkeiten sie eröffnet. (Wie fühlst du dich darin?)

4.11 Zusammenfassende Hinweise zum körperbetonten Theaterspiel

Zusammenfassend gilt für das körperbetonte Theaterspiel, daß Körperhaltung, Requisit, Schminke, Kostüm, Maske, Musik und auch der Text das Sich-Einfühlen und damit das Verhalten und Mitteilen des Spielers unterstützen, weil er, emotional angeregt und in der Nestwärme der Gruppe stabilisiert, sich auf nur wenige (am besten eine!) formale Aufgabe konzentrieren muß, die er dann auch erfüllen kann.

Über die Initialzündung des Zufällig-Unbewußten ist die relative Potenz ungleich höher und wird auch noch dem am Ende mit dem Kopf überarbeiteten Produkt (Dramaturgie am Gefundenen) anzusehen sein. Im Finden von Unbekanntem liegt die eigentliche Spielmächtigkeit und ist tatsächlich das Gegenteil vom hirngeborenen Klischee, das Bekanntes abruft, um es wiederzuverwenden. Die hausbakkenen Versuche, großes Theater zu imitieren, scheitern, weil es den kognitiven Spielzielen (meist Erwachsenenrollen) an menschlicher wie darstellerischer Erfahrung mangelt.[15] Dagegen sind spontan gefundene und durch Übung wiederholbar gemachte Erfahrungen mit dem eigenen Körper nie peinlich, sondern echt, denn der Körper lügt nicht. (Wie oft haben sich Schüler schon vergeblich bemüht, hohe Texte glaubhaft zu sprechen, weil sie sie nie „gespielt" und physisch gefühlt haben.)

So wird der Spieler spielmächtig: Im Zusammenspiel mit anderen entdeckt er seinen neuen „Typ", in welcher Stimmung er sich gerade befindet und hört sich in einem bestimmten Ton sprechen oder singen.

Aus dem eigenen Fühlen heraus und durch die Spiegelung der Gruppe wird er entdecken, welche Reaktionen er mit gewissen Spielhandlungen erzielt. So wird er in mutmachender Spiellaune eine neue Macht über sich und damit auch über den Zuschauer erlangen. Er wird tatsächlich „spielmächtig", weil er sein Kommunikationsinstrument verfügbar gemacht hat.

Auch durch Kommunikationsversuche der Mitspieler, die ja immer ihre eigenen Entdeckungen dagegensetzen (sich einbringen), oder durch überraschende neue Spielaufträge durch den Spielleiter wird dann unser Spieler nur noch in den für ihn und sein Befinden akzeptablen Bewegungsabläufen antworten. Er ahnt schon bald, welche Rolle er für sich gefunden hat. Auch dem Zuschauer fällt es leicht, den gezeigten Typen genauer einzukreisen, und Erkennen macht ihm genauso Spaß wie dem Spieler das Erfinden. Das metaphorische Einkleiden einer Message, die Kommunikation auf einer zweifachen Ebene, erhöht den pädagogischen Effekt, da „Aha-Erlebnisse" beim Enträtseln dem Zuschauer die von Brecht geforderte Mitwirkung ermöglichen, ja schmackhaft machen (ihn geistreich unterhält). Theater (Machen und Zusehen) ist dann ein Lernen, das Spaß macht.

Durch Festigung verschiedener Möglichkeiten, die der Spieler in der Rolle des von ihm entwickelten Typen eingeübt hat, entstehen Etüden oder eine Art Versatzstücke ähnlich der Commedia dell'arte. Die Gruppe bzw. der Spielleiter kann aus diesen Etüden kurze Handlungsabschnitte ablesen (Story Board nennen die Zeichentrickfilmer ihre ersten Entwürfe, die sie in eine Reihenfolge bringen). Die beteiligten Spieler äußern sich nun auch und erweitern die Bruchstücke immer mehr zur Stückidee. Sind schon genügend Spielideen vorhanden, kann gleich eine dramaturgische Planungssitzung einen „roten Faden" legen. Ansonsten kann durch weitere Versuche (Etüden) die „Stoffsammlung" erst vergrößert werden, bis man „fündig" wird. Es wird der Zeitpunkt kommen, wo auch gute Szenen dem Rotstift zum Opfer fallen, weil sie sich gar nicht mehr in das nun übergeordnete Konzept einfügen lassen. Andererseits ist es jetzt leicht, die Spieler in Kleingruppen zur Suche von noch fehlenden Spielideen zu animieren, weil sie die Methode jetzt kennen und des Erfolges schon viel sicherer sind.

VI. Einsatz von Musik

1. Spiel mit Musik aus der „Konserve"

1.1 „Sitztango"

Zu einer Tangoplatte erfindet jeder Spieler zu einem Thema (z. B. Kratzen, Nasebohren, Haarestreichen, affektierte Handbewegungen einer Dame, Trinker am Tresen) drei Bewegungen, die er in rhythmischen Abständen ausführt, wobei deutlich Tangoelemente sichtbar werden: abruptes Drehen des Kopfes, des Oberkörpers mit und ohne den Partner; Einfrieren einer Position 1 Takt lang: z. B. Einknicken, energische Drehung mit Halt und zurück.
(Schaut euch einmal Tangotänzer an und „klaut" möglichst viele Elemente und baut sie in euer Spiel ein.) Übernehmt jetzt möglichst viele und ähnliche Elemente in sitzender Haltung.
Steigerung zu einer Spielszene
Vier „Tangospieler" sitzen auf der Bühne und jeder vollführt zur Musik seine Version eines Sitztangos zum Thema „Ekel".
„Sitzwalzer"
Die Gruppe sitzt im Kreis und tanzt sitzend einen Walzer, wobei alle der Reihe nach von der Bühne „tanzen".

1.2 Aktives Musikhören und -gestalten

Vorbereitung: autogenes Training, Yoga, Gymnastik in der Gruppe oder gegenseitige Lockerungsübungen.
Es erklingt ein Stück von „Peter und der Wolf", und die Gruppe bespricht, wie weit die Instrumentation wirklich die Tiere entstehen läßt. Dann wird ein Konzert mit Soloinstrument eingespielt (z. B. Rodrigo, „Concerto por un gentil hombre"). Die Spieler sollen auf die einzelnen Stimmen achten und prüfen, ob sie nicht als Personen schon in Räumen konkret vorstellbar sind. Mit ein wenig Glück kommen viele ähnliche Ideen, die sich schnell zu einem Anfangsbild oder gar schon zu einer Szenen(folge) zusammenfassen lassen, z. B. Einzug (tutti) mit Stationen für Kleingruppen (Quartette oder Trios ...), bis alle an ihrem Ort sind und Soli oder Duette „spielen". Vielleicht ist der imaginäre Raum ein Schloß (Prunksaal) oder gar ein Schloß unter Wasser, und schon stellen sich Bilder übergroßer (bunter) Unterwasserpflanzen ein, wobei sich die (Hochzeits-?)Gesellschaft (vielleicht auch Goethes „Reinecke Fuchs") trancehaft wie Geister, Vampire oder gar als Fischszenario (Erich Kästner, „Konferenz der Tiere"?) versammelt und eine Piccoloflöte als Hofnarr dazwischengackert. (So wirkte etwa Rodrigo auf meine Gruppe.)
Extrem langsam erheben sie sich (vgl. „Welle", S. 14; Wettbewerb: wer am längsten braucht) und mit dieser seelischen und körperlichen Konzentration ausgerüstet, dürfen sie zu einer schönen, also durchaus auch klassischen Musik (von Vivaldis „Vier Jahreszeiten" bis Berlioz oder was der Spielleiter oder die Spieler eben sonst noch kennen oder kennenlernen wollen) „tanzen". Und zwar mit weichen,

zeitlupenartigen (biomechanischen[16]) Ganzkörper-Bewegungen, erst einzeln und allmählich als Gruppe, aber jeder auf seine individuelle Weise. Dann versucht es die Gruppe mit einem schnelleren Satz. Dann folgt eine Pause: d.h., die Gruppe darf sich hinlegen und ein paar kurze Proben experimenteller Musik anhören, wie z.B. Meredith Monk „Dolmenmusic" (ECM Records München 1197). Die anschließende Befragung nach der Stimmung dieser Partien wird ergeben, daß die Gruppe nun auch extremen Musiken erstaunlich aufgeschlossen folgt. Vielleicht haben die Kids hier zum ersten Mal Musik überhaupt – nicht nur als Background – wahrgenommen, was Bestärkung dafür sein sollte, hier weiterzuarbeiten. Deshalb braucht man Methoden, die Gruppe in Richtung Tanz im weitesten Sinne zu sensibilisieren. Eine hervorragende Möglichkeit ist wieder der Nô-Gang (s. S. 16). Für schnellere und frechere Musiken eignet sich der ebenfalls verfremdende Trippelgang (s. S. 19), der schnell und nur auf den Vorderballen ausgeführt wird. Auch hier bekommt der Körper große Beweglichkeit, die durch Oberkörper- und Armbewegungen zu wild skurrilen Aufzügen führt. Da diese Fortbewegung sehr anstrengt, anfangs nur in kleineren Portionen üben.

▷ **Aufgabe:**
Gestalte mit viel Körpereinsatz in der Gruppe die Aufnahme „We are the Champions" von der Rockgruppe Queen.
Vorschlag: Leise, klein und dunkel beginnen und steigern. Ein Scheinwerfer und ein Podest können dabei hilfreich sein.

2. Spiel mit selbstproduzierter Musik

2.1 Rhythmusübungen

- Die Gruppe steht im Kreis, und ein Spieler klatscht einen einfachen Rhythmus vor, den die Gruppe dann aufnimmt.
- Ein anderer Spieler trampelt einen Rhythmus vor, der Kreis übernimmt ihn.
- Ein Spieler trampelt einen Rhythmus, wiederholt ihn und klatscht einen weiteren Rhythmus dazu. Sobald er sicher ist, übernimmt die Gruppe erst das Trampeln, dann das Klatschen.
- Ein Spieler klatscht einen Rhythmus, wiederholt ihn und trampelt einen weiteren Rhythmus dazu. Der Kreis übernimmt erst das Klatschen, dann auch das Trampeln.
- Für ganz Experimentierfreudige ließen sich diese Rhythmen noch mit einfachen Melodien unterlegen.
- Die Gruppe singt einen einfachen Kanon (Frère Jacques) und unterteilt sich Schritt für Schritt in immer mehr (kleinere) Gruppen.
- Die Gruppe unterteilt sich in Kleingruppen und erarbeitet sich rhythmisch ein einfaches Lied ihrer Wahl, und zwar so, daß jede Verszeile mit eigenen/anderen rhythmischen Bewegungen oder Geräuschen gestaltet wird (z.B. wird die erste Zeile gestampft, die zweite wird auf die Wangen getrommelt, die dritte auf den Hosenboden geklatscht und mit einem deftigen Geräusch mit dem Mund beendet usw.). Das Plenum muß dann in einer Minivorstellung das Lied nur über diesen Rhythmus erraten.

Spielidee:
Will man in einem Theaterstück ein Lied singen, das vielleicht schon zu bekannt ist, oder will man eine freche Stelle steigern, indem man sie gar nicht mehr ausspricht (z. B. im Kabarett), so könnte man die entsprechende Strophe oder den Refrain auch einmal nur „rhythmisieren" und mit einschlägiger Mimik bzw. Gestik witzig brechen.

▷ **Aufgabe:**
Gestalte ein Lied durch rhythmische Handlungen so, daß eine zweite Ebene entsteht.

Spielvorschlag:
Goethes „Sah ein Knab ein Röslein stehn", dargestellt von Straßenarbeitern, die Pflastersteine verlegen. Nach einer Weile könnte eine Art Romeo das Lied dazu singen. Als dritte Einheit könnte vielleicht „Julia" auf Rollschuhen in diesem Rhythmus hereinstolpern und ungeschickt dem verträumten Romeo in die Arme fallen, während die Pflasterer stoisch ihren Rhythmus beibehalten. Zum Schluß dieses Minidramas könnten einzeln die verfeindeten Familien dazukommen: die eine trabt diszipliniert pantomimisch „beritten" herein, die andere stolpert (trippelt) in Spiralen „schusselig" dazu. Beide bauen sich als böse verfeindete Parteien um die unschuldigen Liebenden (?) auf. Ein Priester kommt (immer noch im Rhythmus des Liedes) sich bekreuzigend und versucht auf dieselbe Melodie zu singen: „Es war die Nachtigall und nicht ...", während er die bedrohliche Situation begreift und deshalb schnell die Trauung vollzieht (Ring anstecken). Als er dann den Rhythmus bricht, indem er endlich „... und nicht die Lerche" in eine Verszeile unterbringen will, entlädt sich der Familienzorn, so daß das Paar auseinandergerissen und der Priester im wilden Chaos von der Bühne geprügelt wird. Die Pflasterer unterbrechen kurz und blicken sich vielsagend an. Dann tippen sie sich die erste Zeile des Liedes auf die Stirn, während das Licht verlöscht.

Das wäre schon eine Möglichkeit, Musik theatral umzusetzen; der Weg zur Kinderoper oder zum Musical ist nicht mehr weit ...

2.2 Singtraining

Lockerungsübungen:
- Die Gruppe steht im Kreis und läßt die Zunge schnell rein- und rausschnellen.
- Die Zunge wird ganz locker, aber schnell außerhalb des Mundes seitlich bewegt. Dazu kann auch ein Ton produziert werden, der durch die Zungenbewegung zum ganz gelösten Lallen wird.
- Wir wechseln jetzt rhythmisch zwischen weichem Kußmaul und breit gespannten Lippen ab.
- Wir schütteln Mund und Wangen mit dem ganzen Kopf samt Schultern locker aus, wobei wieder ein Ton hilfreich sein kann, so daß nach dem Einatmen der ganze Oberkörper dem Ausatmen nach unten folgt und ausgeschüttelt wird.
- Jeder sucht sich seinen „Kubikmeter" Luft im Raum und füllt ihn mit seiner Stimme so gut er kann. Dann versucht er, die anderen zu hören und paßt seine Töne dem Ganzen irgendwie an. Das muß nicht unbedingt harmonisch sein; nur

das Gefühl von Zusammengehörigkeit ist dabei wichtig, besonders wenn alle langsam leiser werden und sacht verstummen.
- Ein anderer Einstieg ins Stimmtraining ist wie folgt möglich: Die Spieler liegen auf dem Boden und fühlen ihren ruhigen Atem. Langsam machen sie ihren Atem hörbar, erst durch etwas mehr Luft, dann mit einem sachten Ton. Immer etwas lauter werdend erheben sie sich alle, aber ganz sacht, und stehen zuletzt laut Töne ausstoßend im Raum. Sie finden einen Höhepunkt und werden gemeinsam leiser und kleiner. Zuletzt liegen sie wieder am Boden.

2.3 Instrumentale Musik („Orchester")

Gegenstände für Geräusche: Plastiktüte, Eierschneider, Rasselbüchse, Glöckchen, Klötzchen mit Trommelstick, Spieluhr, Steine, Klappern, Eisen, Hölzer, Sandpapier, Gläser (leer, gefüllt), Scherzartikel, Spieldosen, Drahtgeräte (Vogelbauer), Zeitungen, Büchsen mit Inhalt, Flaschen zum Blasen, Meditationsinstrumente, selbstgemachte einseitige Streichinstrumente, Einzelteile einer Flöte, Kisten, quietschendes Blechspielzeug ... eben alles, was Töne ermöglicht. Am besten kein Musikinstrument! Das verführt zum vorgeformten „Brillieren" statt zum kreativen Sich-Einfühlen und Neuentdecken.

▷ **Aufgabe:**
1. Suche dir ein Gerät und probiere möglichst viele Klänge einzeln zu erzeugen.
2. Spiele mit diesen Tönen möglichst variantenreich, indem du extrem leise und langsam beginnst, allmählich einem Höhepunkt zusteuerst und dann extrem langsam und leise verklingst.
3. Kommuniziere zu zweit mit diesen Klängen (z.B. Frage- und Antwortspiel oder Begrüßung und Abschied oder Entstehung einer Liebesbeziehung).
4. Laßt zwei Spieler zu eurer Musik die/eine Szene erfinden (Stegreifspiel). Vereinbart, welcher Musiker die Töne für welchen Spieler liefern soll, das hilft der Kommunikation (Eindeutigkeit) und stimuliert (Ideenimpulse).
5. Beginnt vereinzelt und wieder extrem leise und langsam (sparsam: nicht gleich alle Effekte als Strohfeuer abbrennen), bis alle eingestiegen sind. Hört gut auf einander und dominiert nicht dauernd die anderen, sondern sucht Gemeinsamkeiten und verstärkt sie oder zieht euch zurück, wenn andere zu dominant sind, und ihr keinen Gegenpol schaffen wollt.
   Steuert behutsam auf einen gemeinsamen Höhepunkt zu und baut ihn gemeinsam ebenso behutsam ab und laßt das Klanggebilde möglichst lange nachklingen.
6. Unterhaltet euch über die Stimmung, in die ihr euch selber versetzt habt. Stellt euch eine Landschaft oder einen Raum dazu vor. Überlegt, was für Menschen darin sein könnten, was sie dort tun und letztlich, wie sie etwas zusammen tun könnten und warum.
7. Laßt einen Spieler aus dem Stegreif dazu etwas spielen; verstärkt seine Aktionen musikalisch, aber bedrängt ihn nicht ständig. Der Spieler kann sich Impulse aus der Musik nehmen, aber auch solche an die Musiker geben, indem er seine Bewegungen variiert nach Geschwindigkeit, seine Gestik nach Größe und seinen Rhythmus nach Aktion (Tun) und Pause (Schauen).

Sobald eine erkennbare Handlung eingesetzt hat, kann ein zweiter Spieler dazukommen. Man kann auch den Spielern entsprechende Teilorchester zuweisen, damit die Spielhandlung an Kontur gewinnt, also Paarbildung zwischen Musiker und Spieler.
8. Die Musiker legen nach und nach ihre Instrumente ab (oder gebrauchen sie weiter in ihrem Stegreifspiel) und mischen sich in die Handlung ein, am besten „parteiisch" (sich einem der Spieler bzw. Gruppen anschließend) und verstärken die Stimmung und Kommunikationsform ihrer Spielführer nicht durch Nachäffen, aber durch gebanntes Hinschauen in dieselbe Richtung, durch ähnliche Haltung und Körperspannung und kommentierende (zustimmende) Verständigung untereinander bzw. durch z. B. Drohgebärden gegen den gemeinsamen Feind. Dabei können auch Geräusche mit dem Mund hinzutreten: bedrohliches Schmatzen, lautes Lufteinziehen und Lippenlecken, geheimnisvolles Ausatmen bei weit geöffnetem Rachen oder glucksendes Schlucken und kindische Laute (Gramolo)[17]. Natürlich sind irgendwelche Zufallsrequisiten und/oder Kleidungsstücke immer eine Spielstütze, die vor allem das Zusammenspiel erleichtern (Zeigen, Staunen, Weiterreichen, Ablehnen, Annehmen, Wegnehmen, Weglegen, Wiederbringen, Zurückgeben, Wegwerfen, Streicheln ...)

Spielvorschlag:
Ein „Orchester" gibt eine Stimmung vor (z. B. Wiesengeräusche: Zwitschern, Summen, Lerchentriller, Flugzeug am Himmel), die allmählich mit Licht (und Farben) verstärkt wird. Auftritt eines Schülers mit einer Tischschublade unter dem Arm. Er benimmt sich wie auf der Flucht und blickt sich ständig witternd um. Zwischendurch schafft er es trotz Besorgnis um seine Sicherheit (?), den Inhalt der Lade zu inspizieren. Bald geht seine Konzentration ganz darin auf. Er zieht eine funkelnde Ballbluse hervor, untersucht sie, riecht daran, hält sie vor seine Brust, legt sie ab. Er findet einen Lippenstift, riecht daran und prüft die Farbe, legt ihn weg. Er findet ein Kleid, in dessen Schulterträger er seinen Arm steckt und es somit wie eine Frau bewegt, die er dabei gleichzeitig im Arm zu haben scheint. Er spielt mit ihr wie mit einer anwesenden Person: Unterhaltung, Tanzandeutungen, Höflichkeiten, Schmusen. Dabei entdeckt er noch etwas in der Lade: Er schaut gebannt hinein, zieht Grimassen und nimmt sie endlich mit der freien Hand hoch, spiegelt sich in dem eingelegten Spiegel. Er fängt dann damit einen rückwärtigen Scheinwerfer ein und beleuchtet sich damit. Dann beleuchtet er die einzelnen Orchestermitglieder und hat seinen Spaß daran, Leute im Publikum herauszuleuchten.
Das Mädchen kommt wie etwas suchend und geht fast schon vorbei; da stockt sie, weil sie ihn gesehen hat, will weiter, erinnert sich aber, ihn schon einmal gesehen zu haben. Sie beobachtet ihn und nähert sich allmählich. Er bemerkt nichts in seinem Spiel mit dem Kleid. Sie flüstert „Hallo", und er antwortet erst beim dritten Mal zerstreut „Ja", blickt aber nicht auf. Dieser „Dialog" steigert sich etwas, bis er schon ärgerlich sein „Ja" ausstößt und endlich aufblickt, aber nichts Besonderes an ihr findet und lieber wieder seine Traumfrau im Arm bespielt. Da schlüpft sie von unten in ihr (!) Kleid, und endlich scheint er sie zu erkennen – aber er wendet sich narzißtisch in sein Spiegelbild verliebt von ihr ab und geht tanzend mit dem Spiegel ab. Sie bleibt versteinert zurück. (Fade out)
(Weiterverwendung dieser Szene s. „Bausteine"-Projekt „Heart – Herz", Szene 4)

VII. Beschaffung einer Spielvorlage

1. Plädoyer für das Erspielen eigener Spielvorlagen

Es gibt, wenn man nicht gleich auf ein vorgefertigtes Stück zurückgreifen will, drei Wege, um zu einer Spielvorlage zu kommen:
1. Der Spielleiter schreibt allein am Schreibtisch: Das Ergebnis ist dem Spieler genauso fremd (erwachsen) wie andere fertige Vorlagen.
2. Die Schüler setzen sich in Gruppenarbeit hin und schreiben ihre eigene „Kopfgeburt". Ergebnis wird sein: Die Handlung wird einleuchten, soweit die Gruppe überhaupt am Schreibtisch zu einem alle befriedigenden Ende kommt, aber der Text ist praktisch genauso schwer spielbar wie jeder Fremdtext auch.
3. Spieler und Spielleiter (er-)finden zusammen eine spielbare Story, die erst einmal nur in den Köpfen zu sein braucht und vielleicht erst am Ende aufgeschrieben wird.
    a. Über Brainstorming (z.B. wahlloses Sammeln von Stichworten, die die Schüler positiv oder negativ beschäftigen) führt sie der Spielleiter zu einem oder einigen wenigen gemeinsamen Themen, indem er alle gefallenen Begriffe unter Oberbegriffe subsumiert und diese wiederum zusammenfaßt wie eine Pyramide. Mit diesem Thema (oder Themen) entläßt er sie in Gruppenarbeit, die immer ein körperbetontes Ergebnis erbringen wird, in die oft auch schon Text miteinfließt. Spiel und Sprache werden noch verbesserungswürdig bleiben, aber jedenfalls „authentisch" sein, d. h. nicht so unglaublich kopflastig auf der Bühne „stehen", wie die meisten oft offensichtlich unverstandenen Textvorlagen großer Namen[18]. Die peinlichen Nachäffungen des Stadttheaters durch Laien schaffen es natürlich niemals zu überzeugen. Statt dieser sinnlosen Sisyphusarbeit lieber Szenen auf ihre Verwertbarkeit prüfen, erweitern, umbauen, verwerfen und neu entwerfen und zuletzt in einem größeren Rahmen zusammenbinden: z.B. in loser Szenenansammlung, nach chronologischen Gesichtspunkten ordnen oder zwei verschiedene Strukturen abwechselnd nebeneinander stellen, wie z.B. symbolische Standbilder zu einem Hauptthema (s. S. 61ff., Projekt „Heart – Herz").
    b. Das Finden spielbarer Szenen kann aber sehr gut auch über die Warm-ups, Sensibilisierungsübungen und einzelnen Etüden zum Erproben des theatralen Handwerkzeugs stattfinden, und zwar grundsätzlich bei allen Übungen, die die Spieler gern ausprobiert oder wenigstens in wiederverwendbarer Erinnerung haben. Natürlich lassen sich die Methoden auch mischen; wichtig ist nur die größtmögliche Schülerbeteiligung (Quantität und Qualität). Die Spieler müssen wissen, daß sie mit ihrem Lehrer zusammen etwas Wichtiges für *sich* tun, und es soll nicht später in Selbstüberschätzung heißen, sie spielten dem Spielleiter zuliebe und opferten ihm ihre Zeit, denn diese Motivation hält Schüler heute nicht bis zur Hauptprobe bei der Stange und rückt die Lehrerrolle in ein fatales Licht.

2. Sprechtraining als Einstieg

Sprechübung 1:
Alle Vokale, Umlaute und Diphthonge einmal der Reihe nach chorisch sprechen.
Dann an verschiedene Konsonanten anhängen.
Dann mit „P" am Anfang nur die 5 Vokale (Pa, Pe, Pi, Po, Pu)
Dann dasselbe mit Doppelsilben (Papa, Pepe, Pipi ...)
Dann dreifach, vierfach, fünffach, sechsfach im Rhythmus.

Sprechübung 2:
A: So hat noch keiner mit mir gesprochen.
B: So hat mir noch niemand zugehört.

Spielvorschlag:
Finde für die Sprechübung 2 soviele Aussprachemöglichkeiten (Betonungen) wie möglich.
Fülle deine Funde mit Sinn: Spiele diese Sätze als Liebespaar, so daß eine ganze Beziehungsentwicklung sichtbar wird. Es dürfen auch Satzteile ausgelassen werden. Am Ende kann auch ein Zerwürfnis stehen (oder wieder eine Versöhnung.)
Mache aus den Sätzen einen Lehrer/Schüler-Dialog, ein Telefonat mit oder ohne Partner. Variiere zwischen Flüstern und Schreien.

Sprechübung 3:
A: Hallo
B: Ja
Macht auch aus diesem und den folgenden „Dialogen" ganze Szenen mit Höhe- und Wendepunkten.

Sprechübung 4:
A: Ist mir nahegegangen
B: Hat mir ferngelegen

Sprechübung 5:
A: Ihr Herz ist ja aus Stein
B: Ja, aber es schlägt nur für Sie
(Diese Übungen wurden weiterverwendet in „Heart – Herz", Kapitel VIII, S. 61 ff.)

Sprechübung 6:
A: I've heard about you
B: Qu'est-ce que tu dis
C: Feesch samma wiada
D: Echt geil, eih

Sprechübung 7:
A: „Wer eine Zahnprothese mit Radar und Spieluhr will, soll sie auch selber bezahlen" *(Blüm)*
B: „Jetzt ist Zeit für Abfahrtslauf, nicht für Slalom" *(Kohl)*

▷ **Aufgabe:**
Lest das Hörspiel „Fünf Mann Menschen" von Mayröcker/Jandl szenisch laut vor (Klett Verlag, Bestellnummer 26133).
Besorgt euch die Hörspielproduktion (Klett Verlag, Bestellnummer 261331). Inszeniert es szenenweise in Gruppen.

3. Ein Spielvorhaben realisieren

Ein „Foto-Stück" mit Musiken

Im folgenden Spielvorhaben sollen Szenen aus Tableauübungen in drei Ebenen (hoch, tief, mittel bzw. normal; s. auch Projekt „Heart – Herz", S. 61 ff.) entstehen. Je ein Spieler sucht sich innerhalb einer Dreierkomposition eine der drei Positionen aus und ergänzt das Gesamtbild mit einer „spektakulären" Körperhaltung und evtl. mit Mimik. Dabei soll spontan gehandelt werden, also ohne komplizierte Planung. Die zuschauende Gruppe soll dem Zufallsgebilde eine Bedeutung geben, ähnlich dem Bleigießen an Silvester.

Dies ist ein sehr wichtiger Zugang zum Spiel, weil er betont, wie unwichtig anfangs der Inhalt ist. Im Theater kommt es zuerst auf die „Verpackung" an, denn es ist die sinnlichste Kommunikationsform überhaupt (Raum, Licht, Ort, Kostüm, Handlung, Musik, Wort) und der Zuschauer sitzt (ruhig!), gebannt in eine erleuchtete Richtung sehend, völlig konzentriert (auch auf Fehler).

Auf der Bühne „leben" ihm Menschen (scheinbar und scheinbar nur für ihn) ihr Leben vor, und er kann ganz in ein anderes Leben hineinschauen. Das funktioniert aber nur, wenn die Schauspieler genau wissen, was sie tun. Die Situation ist zu gekünstelt, als daß der Zuschauer nicht auch durch Unglaubwürdigkeiten innerlich schnell wieder „auszusteigen" droht. Von der Zuschauerseite bedeutet das, daß dieser das dargestellte Leben völlig echt, d. h. ohne „Kommunikationsstörung" erleben will, als ob es wahr wäre. Für uns heißt das am Anfang: Egal welche kostbare „Message" (WAS) wir mitzuteilen haben, auf der Macherseite interessiert zuerst, WER sie übermittelt (man muß die dargestellte Person „fühlen" können), WIE, WO und WARUM.

Also bevor wir überhaupt an Inhalt denken, brauchen wir einen Ort und einen „Vorwand". Je untypischer die beiden sind, um so interessanter (überraschender) macht es das Spiel mit dem Inhalt: Statt bloßer Illustration entsteht eine zweite (symbolische oder ironische) Spielstruktur (z.B. das Märchen von Peterchens Mondfahrt im Raumschiff; St. Nikolaus als Sportreporter usw.).

▷ **Kompositionsaufgabe:**
(Ganz lapidar, ohne thematische Vorgaben:)
Stellt zu dritt drei verschiedene spektakuläre Tableaus auf jeweils drei Ebenen her und stellt sie vor.
Zeit: 10 Minuten.

Ergebnisse (Auswahl):
1.
S1 (= 1. Schüler) steht auf Doppelkiste, Blick geradeaus ins Publikum, evtl. „Siegesfähnchen" in der Hand, breitbeinig über „Opfer 1" (S2), das rücklings und Kopf nach vorne hängend wie tot liegt, Arme „gekreuzigt" weit hängend. Links daneben, eine Kistenstufe tiefer, sitzt S3 mit Kopf auf einem angezogenen Knie, das andere Bein hängt lose auf S4 herab. Dieser liegt rücklings mit Kopf nach vorn am Boden, die Beine hoch gegen die Kisten gelehnt.

Spontane Interpretationen der zuschauenden Schüler waren: Ein Sieger über Gegner, wahrscheinlich politischer oder gar kriegerischer Sieg wegen des Deutschlandfähnchens. Da es ein sehr festgelegtes Emblem war, konnten die drei Überwundenen (Trauer ausstrahlende Mädchen) auch Gastarbeiter oder Asylanten darstellen. Das Bild hat durch seine asymmetrische (Symmetrie ist immer langweilig) Komposition (3 verschiedene Spielebenen) und dem Kontrast aus drei hängenden Köpfen ohne „Blick" vs. einem scheinbar selbstsicheren Menschen, der über Leichen geht und nicht den Blickkontakt scheut, eine Spannung.

2.

Ohne zu wissen, was die anderen Gruppen planten, entwickelte die zweite Gruppe ein thematisch verwandtes Bild:
S1 liegt quer auf dem Rücken und stützt mit angehobenen, gestreckten Beinen S2 am Gesäß, so daß diese in der Hüfte leicht einknickend sich dagegen lehnen kann. S1 betrachtet dabei S2 von hinten, S2 schaut nicht sehr enthusiastisch geradeaus (nach rechts). S3 kriecht von hinten halb unter die angehobenen Beine und schaut etwas trotzig ins Publikum.
Das Feedback ergab einen lustlosen Sieger, der über einen mindestens gleichstarken Gegner gesiegt hat, der sich durchaus nicht geschlagen gibt und auf die Revanche wartet. Die gesichtslose Stützfigur wurde als ein im Triumph seines Schützlings zurückstehender Trainer definiert.
Rücksprachen mit den Darstellern ergaben prinzipielle Übereinstimmungen, aber auch z.T. Leugnung jedweden Konzeptes, was den Sinn dieser Übung damit wun-

derbar demonstrierte: Fast ohne gedankliche Vorarbeit (er-)finden Schüler interessante (interpretierbare) Positionen, die sie planvoll nie geleistet hätten, weil unsere Logik anders als unsere Kreativität vorgeht:
Der „normale" Weg würde sofort über ein Thema nach adäquater Darstellung führen wollen; aber welcher Laie kann (aus Unkenntnis heraus meist noch gleich die schwierigsten) Vorgänge schon adäquat (glaubwürdig) darstellen?

3.
S1 liegt seitlich quer am Boden, stützt Kinn auf Ellenbogen, schaut versonnen in Richtung ihrer Bühnenseite. Ein Fuß ist vor der Kiste quer zur Bühne ausgestreckt, der zweite ist angehoben und gegen das rechte Bein von S2 gestützt. S2 und S3 stehen gleichhoch etwas seitlich versetzt auf einer Kiste, bewußt symmetrisch wie Zwillinge und doch mit kleinen Unterschieden, so daß die Spannung (Suchen nach den Unterschieden und der Gesamtaussage) gewährleistet ist. S2 ist im Begriff, mit ihrer Rechten den hochgereckten Fuß von S1 zu fassen, tut es aber nicht. Auch S3 macht von ihrer Seite Anstalten, den Fuß von oben zu ergreifen, bleibt aber kurz darüber stehen. S2 umarmt die Schultern von S3, S3 die Hüfte von S2. Kompositorisch am interessantesten war hier die Beinstellung: 5 Beine fast parallel und doch durch das enge Zusammenstehen von S2 und S3 auch z.T. gekreuzt, wobei ein Bein (S1) entgegengesetzt (von unten) leicht diagonal ins Bildzentrum ragt. Beide Stehende geben dem Stilleben durch ihren Hüftknick tänzerischen Schwung und Grazie.
Das Zentrum wird hier durch die Hände um den Fuß, zumal S2 und S3 gespannt dorthin blicken. Spannung entsteht aber durch die Abgewandtheit von S1. Was ist mit dem Fuß? Was erwartet S1?
Über die allgemeine Freude über die schöne Gruppenposition haben die Schüler ganz vergessen, eine Deutung zu unternehmen – ein weiteres Indiz, daß auch 12jährige schon Gefallen an Abstraktem haben können, wenn man ihnen etwas zumutet.
Weiterführung:
Die Idee ist nun, diese szenischen Bilder nach Übergangsmöglichkeiten abzuklopfen. Methodisch bietet sich an, ein Bild nach ca. 5 Sekunden völligen Einfrierens (Freeze) langsam in Bewegung übergehen zu lassen, um dann im nächsten Standbild wieder zu erstarren. Varianten wären etwa 2 Türen, die abwechselnd je eine neue Szene im „harten Schnitt" eröffnen bzw. gleichzeitig verschließen.
(In meiner Theater-AG wurden diese Tableaus in einer Diskussionsphase plötzlich zum Ausgangspunkt einer „zweiten Ebene" [„Kontrastprogramm" oder „Nebenhandlung"] für das Projekt „Heart – Herz" und wurden kaum verändert, außer daß wir sie interpretiert und ihnen Text „in den Mund gelegt" haben.)
Wichtig:
Beim Planen immer „unverschämt" sein.
Alle Möglichkeiten erwägen.
Die Realisierung zwingt von selber zur Beschneidung, aber Utopien finden dadurch doch oft eine Chance, wenigstens in abgeänderter Form verwirklicht zu werden, weil die richtige gedankliche Richtung einmal eingeschlagen war.
Kreativität heißt zulassen.

55

Choreographische Stilübung:
Foto-Szenen (menschliche Stilleben, Tableaus) vor oder auf der Drehbühne. Musik: Wassertropfen und Orgel (evtl. „Konservenmischung").

Spielübung:
Erarbeitet zu zweit folgende Szene:
Mädchen versonnen wartend, Freude bei Erscheinen des Mannes, Trauer bei Weggang.
Junge: Nähert sich wie Einbrecher, raubt Schublade, frohlockt über den Besitz.
(P = exakt gleich lange Pause mit Tock zwischen jeder Einheit):
1. Kleines weiß gekleidetes Mädchen sitzt an einfachem Holztisch mit kleiner Schublade. Blick fern nach unten, aufrechte Haltung. Hände versonnen im Schoß.
2. Schwarz gekleideter Junge kommt rhythmisch herein:
   Oberkörper „ägyptisch" nach vorn gedreht, läuft jeweils 4 oder 8 Schritte quer in Richtung Mädchen (P), wobei er stilisiert erst die Ferse (oder Spitze) aufstellt (P). Der Kopf (eigentlich der Hals) geht den Schritten voran und bleibt vorne (P) und wird erst nach Stillstand jeweils zurückgezogen (P). Arme bleiben in angespannter Ruhe hängen. Hastiger Blick nach hinten, dann wieder wie vorher (P). Etwa zwei Schritte vor dem Tisch bleibt er starr stehen (P).
3. Das Mädchen steht auf (P), stellt sich auf den Stuhl (P), breitet die Arme aus und lädt dabei auch „zu Tisch" (P), wobei sie lächelnd die Augen schließt (P).
4. Der Junge öffnet die Schublade (P), sieht hinein (P) und reißt sie heraus. Er wirft dabei den Tisch mit um (P). Dann geht er stilisiert tänzelnd ab: 6 Walzerschritte mit Drehung (P), Kopf glücklich hochreißen, dann wieder Schritt usw., die Schublade wie eine Tänzerin in die Arme geschlossen.
5. Mädchen öffnet die Augen, senkt den Kopf in Richtung Tisch (P), hebt die Arme so hoch es geht (P), streckt die Hände ruckartig nach außen (P). Dann sinken die Hände ganz langsam und dicht beieinander herab, wobei die Ellenbogen dicht am Kopf herabgeführt werden. Das Gesicht wird dabei kurz verdeckt und hinter den Händen schmerzvoll verzogen. Die Hände sinken gleichmäßig sanft völlig herunter. Erst unten ergibt sich ein kleiner Tock (P).
   Jetzt hebt sie schwankend einen Handrücken vor die Stirn und sinkt unsicheren Schrittes (halb ohnmächtig) auf den Stuhl (P). Sie nimmt langsam die Anfangspose ein, aber ihr Kopf hängt deutlich etwas tiefer: Mutig wie vorher blickt sie in die Zukunft, aber reifer, nicht mehr so optimistisch.
   Ganz sacht verlöscht das Licht.
(Das war die Anfangsidee für „Heart – Herz", aus der sich nahezu von selbst in Kleingruppen weitere Bilder entwickelten, s. Szene 4, die thematisch paßten und deshalb schnell zu einer losen Geschichte wurden, die genug Spielraum [„Leerstellen"] für die Phantasie der Zuschauer beibehielt.)

4. „Aneignung" von Texten und kreativer Umgang damit[19]

Der vielbeklagte Mangel an spielbaren Textvorlagen hat simple wirtschaftliche Gründe: Kinder- und Jugendstücke – sofern es sie überhaupt gibt – nützen weder den Autoren noch den Jugendtheatern so recht, denn beiden stehen zu geringe Mittel zur Verfügung, als daß sie sich voll verausgaben könnten. Das Überleben als Autor und als Theater ist schwer genug ...

Es werden also zu wenige Stücke angeboten, und wenn es welche gibt, haben nur die mit kleiner Besetzung (1–6 Personen) eine Chance. Da das Schultheater aber in der Regel erst bei 20 Spielern beginnt, finden sich außer einigen Klassikern oder den Laienspieltexten des Bärenreuter-Verlages, des Deutschen Theaterverlages oder den Schulspielheften in der „Werkstatt Literatur" des Klett-Verlages nur selten geeignete Stücke für das Schülertheater.

Aber auch wenn ein geeigneter Theatertext gefunden wird, sollte sich gerade das Schülertheater wegen seines Mangels an professioneller Spiel- und Sprechkompetenz den Text völlig aneignen, d. h. kreativ mit ihm umgehen, ihn notfalls sogar völlig verändern, frei benutzen bis zu seiner „Zerstörung". Hinter sklavischer Werktreue verbirgt sich oft nur ein Mangel an dramaturgischer Vorarbeit des Spielleiters. In Wirklichkeit tut das jeder gute Regisseur, wenn er einem intellektuellen Text durch sein Regiekonzept erst ein wirklich sinnliches Leben verleiht. Inzwischen haben sich außerdem theaterbegeisterte Gruppen in wachsender Zahl dem Selbermachen verschrieben, sei es aus eben diesem Mangel oder weil sie die kreativen Möglichkeiten des schulspezifischen Genres erkannt haben und nutzen wollen. Wie in jedem Teilgebiet dieser Theaterarbeit wurde also auch hier aus der Not eine Tugend geboren.

Hierbei läßt sich die Literatur als „Steinbruch" benutzen:

Lyrik als Vorlage
Die dialogische Ausgestaltung ist in vielen Gedichten bereits angelegt; Fundstellen: Ringelnatz, Morgenstern, Jandl, surrealistische Gedichte, Eich, Balladen (dramatische Gedichte), Konkrete Poesie, Kinderverse ...

Prosa als Vorlage
Dramatisieren von Erzählungen: Die Handlung in Segmenten in Kleingruppenarbeit in „Körpersprache" nacherzählen lassen.
Stoffe sind an sich beliebig; vor allzu realistischen Stories sei gewarnt (Fernseh-Klischeegefahr bei Krimis und meist nur gutgemeinten Problemstücken, die nicht glaubwürdig wirken[20]). Deshalb Spielphantasie eher im Märchen, Grotesken, Absurden und Symbolischen suchen.

Drama als Vorlage
Auch fertige Stücke evtl. in Erzählform zur Kenntnis nehmen und in Kleingruppen Szene für Szene nacherfinden lassen: Das, was die Spieler dann finden, haben sie begriffen und ist nicht mehr „aufgesetzt". Im übrigen macht es sie neugierig auf das Original, das sie als „Steinbruch" für dramaturgische Konsequenzen und besonders wichtige oder schöne Passagen nachträglich heranziehen können.

Für alle Vorhaben ist es wichtig, sich das Material „spielerisch anzueignen". Nachmachen ist dabei die schwächste Lösung. (Das wäre der unmögliche Versuch, „von außen nach innen" zu spielen, statt umgekehrt.)
Vollständigkeit und ein wasserfester roter Faden sind dabei definitiv weniger wichtig als die glaubhafte Umsetzung der Idee. Theater bedeutet das Theatralische einer Idee erkennen. Was aber nicht heißen soll, daß dem Publikum „Schlamperei" zugemutet wird; die Maxime muß sein: *So klar wie nötig, so kreativ wie möglich.*

5. Lösungen für Besetzungsprobleme

Im Schülertheater müssen in der Regel zahlreiche Spieler „untergebracht" werden. Dies erfordert Findigkeit bei der Schaffung und Besetzung von Rollen. Hier ein paar besondere Möglichkeiten:

1. Eine Rolle verschieden / mehrfach besetzen
a. Eine Rolle auf mehrere Spieler aufteilen (auf mehrere Teilaspekte, wie z.B. die kindische, die weiblich-weiche, die männlich-herrische und die weise-gütige Seite einer Figur). Das schafft viel Distanz zum Reflektieren.

b. Eine Rolle von verschiedenen Darstellern (hintereinander) spielen lassen, um ebenfalls distanziert verschiedene Verhaltensweisen im Vergleich zu erforschen, etwa nach dem Muster: der „Spielleiter" im Spiel (übrigens auch eine weitere Rolle) greift in eine traurige Situation ein und bittet einen anderen Spieler einen neuen, postiven Spielvorschlag vorzuführen.
Natürlich können ganze Szenen mit völlig neuer Mannschaft wiederholt werden, um verschiedene Möglichkeiten zu demonstrieren, und das nicht nur im Fremdsprachenstück, in dem eine Szene zuerst in der einen Sprache gespielt und dann in einer anderen Sprache wiederholt werden könnte.
Durch diese Veränderungen gewinnt das ganze Stück etwas Chorisches, ja eine weitere Struktur, die die Aufführung zu einer besonderen eigenen Stils macht.

2. Gegen den „Strich" besetzen
Um der häufigen Mehrzahl der Mädchen in Theatergruppen bei gleichzeitig häufigem Überhang an männlichen Rollen in Textvorlagen Genüge zu tun, empfiehlt es sich, männliche Rollen durchaus von Mädchen spielen zu lassen (und umgekehrt). Auch hier stellt sich dadurch eine Erweiterung – keine Verarmung – der Vorlage ein. Man sieht also nicht nur, wie sich ein(e) Schüler(in) eine bestimmte Person denkt, sondern auch, wie sie/er sich das jeweils andere Geschlecht in dieser Rolle vorstellt, eine doppelte Ebene also. Diese Stilisierung ist ein sehr interessantes künstlerisches Mittel, das nur mühsam mit anderen Mitteln für denselben Effekt ersetzt werden könnte. Voraussetzung ist allerdings, daß man die Jugendlichen sie selber sein läßt, und nicht mit unsäglichen Bärtchen und leuchtend silbergrauen Perücken entstellt oder sie im üblichen Schwankklischee die Realität hemmungslos überziehen läßt. Nein, der Zuschauer muß das (Schul-)Mädchen erkennen können, wie es sich um die Darstellung z. B. eines „Heroen" bemüht. Auch ist es wichtig zu sehen, welche weiblichen Züge etwa in einem männlichen Spieler schlummern, wenn er eine Frau spielt.

3. Stücke mit den Spielern und für diese nacherzählen
Das vorhandene Personal nimmt den Plot zur Kenntnis und erzählt sich das Wichtigste in ihrer Sprache (!) daraus nach. Dabei werden die Schüler feststellen, daß sie andere, ähnlich gelagerte Fälle kennen und sie sogar vorspielen können. Oft ist es dabei unerheblich, ob jetzt männliche oder weibliche Rollen gemeint sind. Zur Findung sollte der Spielleiter getrost die Gruppe gewähren lassen. Sie denkt oft viel unkomplizierter – und Kunst ist ja nicht viel mehr (aber auch nicht weniger) als raffinierte Vereinfachung und damit Klärung von komplizierteren Zusammenhängen.
Dabei wird es passieren, daß die Spieler ganze Passagen ohne den Text erspielen, wodurch sich hier schon die genauen Rollenvorschriften erübrigen. Auch hat hier der Chor (Gruppenspiel) nochmals eine Chance, das Rollengefüge aufzuheben.

4. „Leibgarde"
Jede Rolle wird chorisch begleitet von dazugehörigen Spielern. Ein König hat Diener, eine Priesterin Helferinnen, ein Fußballstar hat einen Schwung Fans, die durch ihr Mitspiel den einzelnen Darsteller kommentieren und deutlicher charak-

terisieren können. Sie decken ihre Eitelkeiten, Ängste, Absichten usw. durch Ablehnung, Aggression oder eisige Freundlichkeit auf oder verstärken sie durch Schmeicheleien etc.

5. Schaffung neuer Rollen
– Bühnenarbeiter können zwischen den Szenen beim Auf- und Abbau das Geschehen aus ihrer Sicht kommentieren.
– Musiker singen Songs, die thematisch oder atmosphärisch das Spiel weiterführen, verdichten oder mit Ruhepausen füllen.
– Erzähler oder Spielleiter können eingreifen, mit dem Publikum vertraulich werden.
– Nummerngirls(-boys) oder Moritatensänger kündigen mit Schriftbildern das weitere Geschehen an.
– Lebende Requisiten, die sich für die Spieler nicht wahrnehmbar im „falschen" Moment bewegen, sorgen für Komik.
– Techniker können ebenfalls evtl. mit ihren technischen Problemen eingebaut werden, um z. B. Insider-Begebenheiten aus den Probenprozessen auszuplaudern oder unter einem Vorwand (z.B. hier irgendwo eine Glühbirne auswechseln zu sollen) das ganze „Affentheater" komisch in Frage zu stellen.

Insgesamt könnte für das Schülertheater gelten, daß der freie Umgang mit einer Vorlage dieser dienlicher sein kann, als ein gut gemeintes Abspielen „vom Blatt", weil bei dieser Vorgehensweise notwendigerweise meistens eine viel größere Auseinandersetzung (was darf ich dem Text zumuten?) stattgefunden hat.
(Für Bearbeitungsbeispiele s. a. Heinrich Waegner, „Schul- und Amateurtheater. Kommentierte Stücke aus der Spielpraxis". Kalliope Verlag, Siegen 1989.)

VIII. Ein aufführungsreifes „Bausteine"-Projekt

Vorbemerkung:
Das im folgenden beschriebene Theaterprojekt „Heart – Herz" wurde aus einzelnen Bausteinen zusammengefügt, die aus Übungen, wie sie im vorliegenden Heft dargestellt sind, resultieren.
Nach den zufällig gefundenen Mustern wurden dann geplante (!) Erweiterungen erspielt, d. h. konkret:
● Die Gruppe erzielte dramaturgische Einigung darüber, daß die Spielszenen des „Haupthandlungsstranges" (die lose, evtl. chronologische Abfolge der „Liebesgeschichte") ständig durch eine zweite Ebene „gerastert" wird. Diese soll als unterschwelliges Thema „Machtkampf" die leisen Szenen durch Abstraktion vor Kitsch retten. (Innerlichkeit außerhalb von Musical-Verpackung ist immer noch heikel.)
● Die Spielaufträge an die Kleingruppen lauteten deshalb z. B. schlicht: Sprich die Wörter in derselben Pose mit anderer Betonung/Bedeutung. Finde andere Standbilder, die den Sinn der Wörter umdrehen. Suche eine Darstellungsform des Familienalltags, der Freundschaft, der Sportlichkeit, des Alterns, des Sterbens, Schulsituationen ...
Die übergenauen Anweisungen in der folgenden Darstellung des Projekts sind der Versuch, die gefundenen Spielideen der Schüler wiederzugeben, die somit vom Bild her (nicht Text) interpretierbar werden. Es ist durchaus denkbar, den Spielern mehr Text in den Mund zu legen (oder sie selber Sätze für ihre eigene Identität suchen zu lassen), was als Einstieg aber nicht ratsam ist.
Als textliche Stütze wurde „Konkrete Poesie" (Sprachreduktionsformen bzw. Minimalgedichte) eingesetzt.

Das Projekt soll als Anregung dienen, mit der eigenen Theatergruppe ähnliche (oder ganz andere) Bühnenprojekte zu entwickeln. „Heart – Herz" kann naürlich auch nachgespielt werden; hierbei sollte gemäß dem Charakter des Stückes – von vornherein nicht nachgeahmt, sondern frei und ungezwungen mit der Vorlage umgegangen werden, damit die Theatergruppe sich den Stoff aneignen und ihr eigenes Stück daraus entwickeln und erspielen kann.

Projekt: „Heart – Herz"

(„Theaterkiste" des Evangelischen Gymnasiums Siegen, 1993. Die Aufführungsrechte können durch den Kauf von 10 Exemplaren des vorliegenden Heftes erworben werden.)

1.
Tableau:

(Musik setzt allmählich ein. Aus dem Dunkel wird folgendes Standbild sacht herausgeleuchtet:)

Spieler 1 (S1) steht auf einer Doppelkiste, Blick geradeaus ins Publikum, breitbeinig über „Opfer 1" **(S2)**, das rücklings und Kopf nach vorne zum Publikum hängend wie tot liegt, Arme „gekreuzigt" weit ausgebreitet. Links daneben, eine Kistenstufe tiefer, sitzt **S3** mit Kopf auf einem angezogenen Knie, das andere Bein hängt lose auf **S4** herab. Dieser liegt rücklings mit Kopf nach vorn am Boden, die Beine hoch gegen die Kisten gelehnt.
S1: *(ungeniert fröhlich)* Gewonnen
S2: *(dehnt unendlich lang und mühsam)* Verloren
S3: *(lakonisch, aber ernst, evtl. auch gequält)* Ich habe mich herausgehalten
S4: *(bitter)* Ich habe mich geopfert
Ein Sieger (S1), der über Leichen geht (?) und nicht den Blickkontakt scheut. Eine gewisse Melancholie, als ob der Sieg nach so vielen Opfern plötzlich nichts mehr wert sei, soll das menschliche Stilleben trotz des Totenthemas (?) lebendig (glaubhaft) halten. Gleichzeitig soll dieses Tableau als Schlußbild wiederkehren und den beschriebenen Sinn am Stückende erst deutlich werden lassen wie ein Rahmen mit „Aha-Effekt" (hermeneutischer Zirkelschluß). Es soll dabei plattes Moralisieren vermieden werden, etwa im Sinne von bloß umgekehrten Vorzeichen: melancholischer Sieger (obwohl gerade dies noch am vertretbarsten wäre), reuiger Mitläufer (Egoist), asketischer Verlierer (Entsager) und glückliches Opfer (das Paradox zeigt schon, wie schief das Bild werden muß. Vielmehr sollten mehrere Interpretationen dieser Art nebeneinander möglich sein, so daß der Zuschauer noch Raum zum Nachdenken hat; auch der will kreativ sein!). Und zwar nicht nur bei der Wiederholung dieses Tableaus am Schluß, sondern schon hier z.B. durch widersprüchliche Körperhaltung in bezug auf den Gesichtsausdruck und weiterhin noch zum Text. Der Zufall kann hier schneller zu poetischen (d.h. ja auch schon „verrätselten", nicht sofort eindeutigen) Lösungen verhelfen als komplizierte Diskussionen: also ausprobieren lassen (Musik hilft!). Zuletzt aber dann doch im Gespräch bewußtmachen, denn die subtilen Details sollen ja wiederholbar gemacht werden. (Bild auf Bühnenwagen bzw. Drehbühnenabteil herein- bzw. hinausrollen. Licht und Musik sacht ausblenden.)

2.

Hereingedreht oder -gerollt wird die fertige Szene, wobei mit aufblendendem Licht die Handlung beginnt, sobald das Bild sichtbar wird, auch wenn die Bewegung noch nicht abgeschlossen ist. Natürlich kann man auch Bilder herkömmlich im Dunkel oder schwachen Umbaulicht auf- und abbauen; dann sollten diese Pausen aber nicht zu lang gemacht werden.
Evtl. kann eine Art „Umbau-Spieluhrmusik" als stereotypes Signal gefunden werden (ein sensibler Instrumentalist oder eine handbetriebene Spieluhr).
Kleines weiß gekleidetes **Mädchen** sitzt an einfachem Holztisch mit kleiner Schublade. Blick fern nach unten, aufrechte Haltung. Hände versonnen im Schoß, über dem Kopf einen Vogelkäfig haltend.
Schwarz gekleideter **Mann** kommt.
Sie singt Goethes Lied (oder Tonträger):

„Sah ein Knab ein Röslein stehn, Knabe sprach: Ich breche dich,
Röslein auf der Heiden! Röslein auf der Heiden!
War so jung und morgenschön, Röslein sprach: Ich steche dich,
Lief er schnell, es nah zu sehn, Daß du ewig denkst an mich,
Sah's mit vielen Freuden. Und ich will's nicht leiden.
Röslein, Röslein, Röslein rot. Röslein ..."
Röslein auf der Heiden.

Er geht fremdartig rhythmisch sich bewegend bzw. pausierend:
Oberkörper „ägyptisch" nach vorn gedreht läuft er jeweils 4 oder 8 Schritte quer in Richtung Mädchen (Pause), wobei er stilisiert erst die Ferse (oder Spitze) aufstellt (P), dann die Zehen oder die Ferse (P). Der Kopf (eigentlich der Hals) geht den Schritten voran und bleibt (P) und wird erst nach Stillstand jeweils zurückgezogen (P). Arme bleiben in angespannter Ruhe hängen. Hastiger Blick nach hinten, dann wieder wie vorher (P). Etwa 2 Schritte vor dem Tisch bleibt er starr stehen (P). (Roboterhafte Verfremdung durch Ganzkörperspannung und Pausen.)
Das **Mädchen** steht auf (P), stellt sich auf den Stuhl (P), breitet die Arme aus und lädt dabei auch „zu Tisch" (P), wobei sie lächelnd die Augen schließt (P) und den Käfig in die Höhe hebt, ihr Gesicht wie von einem Schleier befreiend. Sie legt den Vogelbauer auf den Tisch.
Mann öffnet die Schublade (P), sieht hinein (P) und reißt sie heraus. Er wirft dabei den Tisch mit um (P). Dann geht er stilisiert tänzelnd ab: 6 Walzerschritte mit Drehung (P), Kopf glücklich hochreißend, dann wieder Schritt usw., die Schublade wie eine Tänzerin in die Arme geschlossen.
Mädchen öffnet die Augen, senkt den Kopf in Richtung Tisch (P), hebt die Arme so hoch es geht (P), streckt die Hände ruckartig nach außen (P). Dann sinken die

Hände ganz langsam und dicht beieinander herab, wobei die Ellenbogen dicht am Kopf entlang geführt werden. Das Gesicht wird dabei kurz verdeckt und hinter den Händen in ein schmerzvolles Gesicht verwandelt. Die Hände sinken gleichmäßig sanft völlig herunter. Erst unten ergibt sich ein kleiner Tock (P). Jetzt hebt sie schwankend einen Handrücken vor die Stirn und sinkt unsicheren Schrittes (halb ohnmächtig) auf den Stuhl (P). Oder sie stülpt sich den Käfig wieder über den Kopf.
Sie nimmt langsam die Anfangspose ein, aber ihr Kopf hängt deutlich etwas tiefer: Mutig wie vorher blickt sie in die Zukunft, aber reifer, nicht mehr so optimistisch. Ganz sacht verlöscht das Licht.

3.
Tableau: *(siehe Foto S. 54)*

S1 liegt quer auf dem Rücken und stützt mit angehobenen, gestreckten Beinen **S2** am Gesäß, so daß dieser in der Hüfte leicht einknickend sich dagegen lehnen kann. **S1** betrachtet dabei **S2** von hinten, **S2** schaut nicht sehr enthusiastisch geradeaus (nach rechts). **S3** kriecht von hinten halb unter die angehobenen Beine und schaut etwas trotzig ins Publikum. Ein lustloser Sieger, der über einen mindestens gleichstarken Gegner gesiegt hat, der sich aber durchaus nicht geschlagen gibt und auf die Revanche wartet. Die gesichtslose Stützfigur kann als ein im Triumph seines Schützlings zurückstehender Vertrauter definiert werden:

S3: *(steht allmählich bei den Wiederholungen auf)*
    Alles und doch nichts
S2: *(setzt sich langsam)*
    Nichts und doch alles
    (Fade out bei Abtransport)

4.

Das „**Orchester**" gibt eine Stimmung vor (z. B. Nachempfinden von Wiesengeräuschen: Zwitschern, Summen, Lerchentriller, Flugzeug am Himmel), die allmählich mit Licht verstärkt wird. Auftritt von dem **Mann** mit der Tischschublade unter dem Arm. Er benimmt sich wie auf der Flucht und blickt sich ständig witternd um. Zwischendurch schafft er es trotz Besorgnis um seine Sicherheit (?), den Inhalt der Lade zu inspizieren. Bald geht seine Konzentration ganz darin auf. Er zieht z.B. eine funkelnde Ballbluse hervor, untersucht sie, riecht daran, hält sie vor seine Brust, legt sie ab. Er findet einen Lippenstift, riecht daran und prüft die Farbe, legt ihn weg. Er findet ein Kleid, in dessen Schulterträger er seinen Arm steckt und es somit wie eine Frau bewegt, die er dabei gleichzeitig im Arm zu haben scheint. Mit der anderen Hand hält er den Hut aus der Lade über das Kleid, so daß es aussieht, als ob er sie streichle und unterhalte. Er spielt mit ihr wie mit einer anwesenden Person: Unterhaltung, Tangoandeutungen, Höflichkeiten, leichtes Schmusen ... Dabei entdeckt er noch etwas in der Lade: Er schaut gebannt hinein, zieht Grimassen und nimmt sie endlich mit der freien Hand hoch, spiegelt sich (er fängt mit einem in die Schublade eingelegten Spiegel einen rückwärtigen Scheinwerfer ein und beleuchtet sich damit). Dann beleuchtet er die einzelnen Orchestermitglieder und hat seinen Spaß daran, Leute im Publikum herauszuleuchten

("bloßzustellen"). Sein immer anders gesprochenes Stichwort lautet dabei öfter:
Er: Schön
Das **Mädchen** kommt wie etwas suchend und geht fast schon vorbei; da stockt sie, weil sie ihn gesehen hat, will weiter, erinnert sich aber, ihn schon einmal gesehen zu haben. Sie beobachtet ihn und nähert sich allmählich. Er bemerkt nichts in seinem Spiel mit dem Kleid.
Sie: *(flüstert, wiederholt lauter werdend)* Hallo
Er: *(antwortet erst beim dritten Mal zerstreut)* Ja
Er blickt aber nicht auf. Dieser „Dialog" steigert sich etwas, bis er schon ärgerlich sein „Ja" ausstößt und sie endlich kurz ansieht, aber nichts Besonderes an ihr findet und lieber wieder seine Traumfrau im Arm bespielt. Da schlüpft sie von unten in ihr (!) Kleid und endlich scheint er sie zu erkennen – aber er wendet sich narzißtisch in sein Spiegelbild verliebt von ihr ab und geht

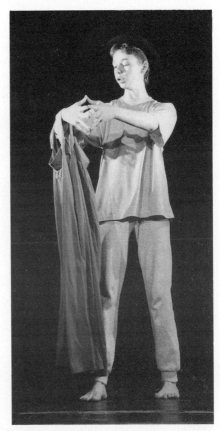

tanzend mit der Lade ab. Sie bleibt versteinert zurück. *(Fade out. Ab.)*

5.
Tableau:

S1 liegt seitlich quer am Boden, stützt Kinn auf Ellenbogen, schaut versonnen in Richtung der Bühnenseite des Mädchens. Ein Fuß ist vor der Kiste quer zur Bühne ausgestreckt, der zweite ist angehoben und gegen das rechte Bein von **S2** gestützt. **S2** und **S3** stehen gleichhoch etwas seitlich versetzt auf einer Kiste, bewußt symmetrisch wie Zwillinge und doch mit kleinen Unterschieden, so daß die Spannung (Suchen nach den Unterschieden und der Gesamtaussage) gewährleistet ist. **S2** ist im Begriff, mit ihrer Rechten den hochgereckten Fuß von **S1** zu fassen, tut es aber nicht. Auch **S3** macht von ihrer Seite Anstalten, den Fuß von oben zu ergreifen, bleibt aber kurz darüber stehen. **S2** umarmt die Schultern von **S3**, **S3** die Hüfte von **S2**. Kompositorisch am interessantesten ist hier die Beinstellung: 5 Beine fast parallel und doch durch das enge Zusammenstehen von **S2** und **S3** auch z. T. gekreuzt, wobei ein Bein (**S1**) entgegengesetzt (von unten) leicht diagonal ins Bildzentrum ragt. Beide Stehende geben dem Stilleben durch ihren Hüftknick tänzerischen Schwung und Grazie.

S2 und S3: *(befriedigt)* Einer für alle
S1: *(bitter)* Alle für einen

Das Zentrum wird hier durch die Hände um den Fuß gebildet, zumal **S2** und **S3** gespannt dorthin blicken. Spannung entsteht aber durch die Abgewandtheit von **S1**. Was ist mit dem Fuß? Was erwartet **S1**?

Bild nach ca. 5 Sekunden völligen Einfrierens (Freeze) langsam in Bewegung übergehen zu lassen, um dann im nächsten Standbild wieder zu erstarren. Varianten wären etwa 2 Türen (ein Türblatt für zwei nebeneinanderstehende Türrahmen), die abwechselnd je eine neue Szene im „harten Schnitt" eröffnen bzw. gleichzeitig verschließen.

6.

Ein Spiegel (nur der Rahmen an einem Ständer) wird im Umbaulicht hereingetragen. Es treten auf das **Mädchen** und ihr **Spiegelbild**, das sie durch den leeren Spiegelrahmen hindurch imitiert. Es gibt wieder nur eine Beinahe-Erkennungsszene, in der **Er** auf **M1** zutritt, aber ihre Erwartungen herb enttäuscht, indem er an ihr vorbei auf ihr Spiegelbild **M2** zutritt und dieses aus dem Spiegel holt und mit ihr weggeht, das echte Mädchen **M1** fassungslos zurücklassend.

7.
Tableau: (siehe 1. Tableau)

M1: *(steht stolz)* Gewonnen
M2: *(liegt traurig)* Verloren
M1: *(dümmlich)* Gewonnen – ich habe mich herausgehalten
M2: *(ringt um Sicherheit)* Gewonnen? – ich habe mich geopfert
M1: *(verwundert)* Geopfert?
M2: *(resigniert)* Geopfert – *(zuckt verloren mit den Schultern)* verloren
M1: *(rechthaberisch)* Geopfert: verloren!
M2: *(bitter)* Geopfert – *(schüttelt ungläubig den Kopf)* verloren *(nickt ein paar Mal)*
M1: *(besserwisserisch)* Herausgehalten!
M2: *(überrascht, wie zum ersten Mal gehört)* Herausgehalten?
M1: Herausgehalten: gewonnen
M2: *(zweifelnd)* Gewonnen?
M1: *(stolz)* Herausgehalten
M2: *(resigniert wie vorher bei „geopfert")* Rausgehalten ... *(schüttelt Kopf)* rausgehalten: verloren
M1: *(verunsichert)* Heraushalten?
M2: *(bestärkend)* Verlieren!
M1: Verlieren?
M2: *(sicher)* Ver-lieren! ... *(vorsichtiger)* Opfern!
M1: Opfern?
M2: *(fröhlich bestärkend)* Gewinnen!
M1: Heraushalten *(heißt)* verlieren?
M2: *(ja)* Opfern – *(heißt)* gewinnen.

8.

M1 „umgarnt" ihn mit einem Wollfaden (Bindfaden, Geschenkband, Klopapierrolle) *(psychedelische Musik)*, während **Er** narzißtisch in sich selbst verliebt ist (Handspiegel), bis zur „Verpuppung" (alle Metaphern bildlich umsetzend; evtl. können die „Texte" über Tonträger gesprochen (gesungen) werden). Zuletzt bindet sie ihm ein buntes Schleifchen oder eine Schlafmaske um den Kopf und „blendet" ihn so.

Dann führt sie ihn liebevoll durch die Welt, ihm alles per Ertastung zeigend („Blindenführungs-Übung"): Stuhl, Blume, Kuscheltier ...
Er läßt es mit wachsendem Wohlgefallen geschehen. Er „erkennt" jetzt den taktilen/plastischen „Wert" eines Stuhles, einer Blume, eines Tieres (Plüschtier), von sich selbst und dann auch von dem Mädchen. Er „begreift" jetzt die Welt und sieht besser, trotz der Augenbinde. Da „öffnet sie ihm die Augen", und er erkennt sie nun ganz (von Kopf bis Fuß), allerdings so unreif ungestüm, daß sie erschrickt und davonläuft. Er taumelt verwundert wie Parzival, der tumbe Tor, hinterher. Ihr Dialog wird wieder variantenreich wiederholt.
Aber zuerst läßt sie den Blinden das Kuscheltier ertasten. Sie öffnet dann seine Binde und er „erkennt" sie über das Tier. Dann sucht er in seinen Taschen (auch Brusttasche, wobei seine Hand kurz einen Herzschlag imitiert), bis er einen Wecker aus der Schublade zieht:
Er: Sie
Sie: ja
Er: ja, Sie
Sie: ja?
Er: für Sie *(reicht ihr einen tickenden großen Wecker, ggf. ein Metronom)*
Sie: ja?
Er: Ja
Sie: Ihr Herz?
Er: ja

Sie: *(atmet glücklich)*
Er: *(atmet glücklich)*
Sie: aber
Er: ja?
Sie: *(verlegen)*
Er: *(ermutigend)* Ja?
Sie: aber
Er: aber?
Sie: aber Ihr Herz
Er: aber ja
Sie: ist ja
Er: ja?
Sie: aus Metall
Er: ja
Sie: ja?
Er: aber es tickt
Sie: es tickt?
Er: ja, aber nur für Sie
(Fade out)

9.
Tableau

Preisverleihung: Dreifaches Siegerpodest mit den Verlierern drumherum. Umhängen einer Medaille. Musik: Queen *„We are the champions"*. Ansagen evtl. mit Beifallmaschine gespenstisch „trocken" machen oder besser vom „Chor" unterlegen („bravo" sagen und klatschen) lassen:
Preisrichter:
        3. Platz mit 1 Hundertstel Vorsprung,
        2. Platz mit 3 Hundertstel Vorsprung und
        1. Platz mit 5 Hundertstel Vorsprung.

10.

Der Chor trippelt nach der Spieluhrmusik *„Der dritte Mann"* herein und bewegt sich wie mechanische Püppchen und stellt sich erwartungsvoll auf. Die Liebenden besteigen einen Einkaufswagen, der mit (unsichtbaren) Koffern umgeben ist, über die weißer Tüll mit Blumenkränzen gespannt ist, so daß der Pastor die beiden wie in einem Brautwagen auf die Bühne rollt, wo er einen golden angesprayten Hula-Hoop (oder Fahrradfelge) wie eine Hostie erhebt, während er sie traut.
Pastor: *(wiederholt variabel für sie und dann für ihn)*
For better and for worse: Ja? – Ja!
(oder dt.: „in guten wie in schlechten Tagen ...")
Das Pärchen antwortet stumm mit Seligkeit.
Pastor: So seid ihr denn Mann und Frau

Er geht hinter sie und hält den Reifen kurz wie einen Heiligenschein über ihre Köpfe, dann senkt er ihn auf ihre Schultern, so daß er als großer Ehering an ihnen herunterhängt. Dann schiebt er sie unter dem Beifall der im Halbkreis stehenden Traugemeinde seitlich an den Rand, wo sie aussteigen und mit Reis beworfen werden. (Im fliegenden Wechsel folgt Szene 12 außer der folgenden Musik ohne Zwischenspiel):
„Und der wilde Knabe brach,
's Röslein auf der Heiden;
Röslein wehrte sich und stach,
Half ihm doch kein Weh und Ach.
Mußt' es eben leiden.
Röslein ..."

11.

(Zwei Spieler begegnen sich. Einer glaubt den anderen zu kennen:)
A: You have been here before
B: No, this is the first time
A: How can you be so sure
B: I am not
A: So, you have been here before
B: God knows

12.
Flitterwochen:

Das Brautpaar entsteigt dem Wagen, schlägt die Tücher nach innen, so daß sie einen schwerbepackten Gepäckwagen haben, während der Chor in hektisch-eckigen Gängen die Bühne bevölkert.
Er schlendert mit „Dienstmütze" und Kofferkuli quer über die Bühne. Die Umstehenden verwandeln sich ebenso problemlos in Reisende (mit Tennisschläger, Koffer, Aktentasche, Zeitung, Sonnenbrille, kurze Hose, Tropenhelm, Badeanzug, Taucherbrille mit Schnorchel, Ringelhemd, Fotoapparat, Staffelei ..., die sie schon in Szene 11 unauffällig mitgebracht und an ihren Ausgangsort beim verwandelten Bühnenwagen deponiert hatten), die nacheinander die „Flughalle" mit geschäftigem Hin- und Hereilen und Rufen füllen. Dabei können sie auch über den Mann und den Wagen klettern, Koffer abstellen und andere aufnehmen, ihn mit einem Tennisball „ins Spiel mit einbeziehen", bis sie ihn ruft:
Sie: Ja *(Er kann sie aber nicht hören. Deshalb noch lauter:)*
    Ja *(und wedelt froh mit den Tickets)*
Da erstarren alle Passagiere und starren erst sie an *(Freeze)*, dann folgen sie übertrieben langsam ihrem Blick und sehen *(mit einem Tock)* den Mann. Sie trägt in malerischer Mischung mädchenhaft geblümte Tights und Ringelsocken in hohen Schuhen und ein schwarzes Kostümoberteil und einen schicken schwarzen Hut mit einem kleinen weißen Schleier an der Seite. Er sitzt auf einem Koffer und ißt gerade eine Rolle Lakritz, die ihm ungeniert aus dem Mund baumelt.

Sie: *(ebenso glücklich)* Ja?
Er: Ja.
Wie erlöst und ebenso glücklich atmen alle Passagiere auf und hasten unvermittelt weiter wie vorher, evtl. auch einmal „Ja" schnatternd und noch einmal „Ja".
Sie kommt und setzt sich glücklich neben ihn. Variantenreich besprechen sie die Reise, wie sehr sie sich lieben und was für Wetter sie am Ziel erwarten wird. Aber ihr Text lautet nur immer so:
Sie: So hat noch keiner mit mir gesprochen
Er: So hat noch keine mir zugehört
Mehr und mehr wird der Dialog vom Chor/Lautsprecher übertönt.
Chor: *(mit Hallverstärkung wie in riesiger Halle, ggf. Tonträger)*
    Attention *(mit Echo ineinander verfließend)*
    Attenzione, Achtung, per favor, s'il vous plaît
    Der Flug Nummer *(Echo)*
    numero, flight, zeroquatrevingtneuf, Palm Beach, neunundachtzig
    is boarding now *(Echo)*
    bitte begeben Sie, s'il vous plaît, now at, per favore, gate, quatorze maintenant, Terminal 14, passengers please report to, à terminale, immediately, letzter Aufruf, flight number, Passagiere des Fluges 89 Palm Beach, attenzione, last call, maintenant.
(Am besten einfach schnell hintereinander von einem Sprecher so oder so ähnlich gesprochen)
Das Paar verläßt angeregt die Bühne. Ton und Licht schon langsam *Fade out*. Die anderen Fluggäste gehen z.T. ebenfalls unauffällig, der Rest kommt allmählich zum Stillstand und verharrt zuletzt im *Freeze*, wobei der letzte Passagier noch deutliche Akzente setzt, indem er laute Schritte (Rhythmus) oder andere Geräusche macht.

13.
Tableau:

M1: *(sitzt und stottert nachdenklich)*
Ich habe – mich – verloren
M2: *(läuft umher)* Du hast verloren
M1: Ich habe – mich – gewonnen
M2: Du hast verloren
M1: Ich hab mich verwonnen
M2: Du hast dich verloren
M1: Ich habe mich herausgewonnen
M2: Du hast dich geopfert
M1: Ich habe mich gehalten
M2: Du hast dich nicht herausgehalten
M1: Ich habe mich veropfert
M2: Ich habe dich verloren
M1: Ich habe dich herausgehalten
M2: Du hast mich ferngehalten
M1: Ich habe dich ausgehalten
M2: Ich habe dich verloren *(geht ab)*
M1: Habe ich – verloren

14.
Ehealltag:

(Sie sitzen weit auseinander auf einer Bank und spielen pantomimisch)
Sie: *(Schürze, Kind)*
Schlaf, Baby, schlaf
Er: *(Zeitung, Hund)*
Brav, Hundi, brav

(Ab jetzt könnten beide jeweils den Telefonhörer ergreifen und jeweils ihre Texte hineinsprechen und wieder auflegen, aber es geht auch ohne Telefon, wenn beide deutlich nicht miteinander sprechen, indem sie irgendwohin schauen oder sich ihrer Arbeit widmen. Mit vielen Pausen [!], dazwischen wird der Nonsenstext verstehbar.)
Sie: Opa braucht Socken. –
Er: Oma hat nicht angerufen. –
Sie: Fernsehen ist nichts mehr. –
Er: Die Tapete ist gelb. –
Sie: Noch ein Stück davon. –
Er: Ich verstehe nicht. –
Sie: Du hörst ja auch nicht zu. –
Er: Du sprichst ja auch nicht mit mir.–
Sie: So hat noch keiner mit mir geredet. –
Er: So hat auch noch keiner zugehört.

15.
Tableau:

Musik: Queen, *„We are the champions"* oder Armstrong, *„On the sunny side of the street"*

Traumartig langsam kommen die Spieler vereinzelt aus den Vorhangverstecken (die Rundumaushängung kann auch aus beliebigen Teilen zusammengeknotet sein mit Löchern, durch die geheimnisvoll die Gesichter und dann die Körper hereinkommen) in ein stark gebündeltes Seitenlicht vom Stativ. Sie „blühen auf", indem sie sich langsam vom Boden lösen und ein gelöstes Gesicht bekommen, wenn sie sich dem Lichtstrahl mit ausgestreckten Händen nähern. Mit dem einsetzenden lauten Refrain versuchen alle (einzeln) auf das aufgestellte Podest zu gelangen, jeder in der Meinung, er sei der zu feiernde Sieger. Dabei gibt es Rangeleien, bei denen einige zu Boden gehen, andere schaffen es trotz Verträumtheit, aber alle halten sich nur kurz auf dem Gipfel des Ruhmes. Und alle zeigen deutlich einen Moment des Erschreckens: Hat sie der Sieg einsam gemacht oder spüren sie die große Verantwortung, die sie jetzt für die anderen übernehmen sollen? Ein Schritt weiter und sie stürzen ab oder werden einfach im Siegestaumel von den anderen hinunter gestoßen. Nur noch die Hände schaffen es ein paar wenige Schritte lang, noch im gleißenden Siegesstrahl zu verbleiben. Dann hat sie wieder der graue (lichtlose) Alltag, und sie gehen gebeugt wie die Schatten in der Unterwelt ab. Einige versuchen z. T. sogar kurzzeitig ein Comeback, aber keiner bleibt vom „Kater" danach verschont. Die magische Anziehungskraft des Siegesruhmes zieht alle an, zuletzt auch den Kleinsten, der deshalb eine Chance hat, weil alle anderen im Glauben, es ginge immer höher und immer weiter, bereits abgestürzt sind. Lange steht er da in ungewohntem Glanz und fühlt sich herrlich und zeigt das auch in vielen deutlichen Posen und mit verschiedenem Gesichtsausdruck: verwundert, gefeiert, angenommen, geliebt, stark, „endlich geschafft", nicht mehr allein oder unbekannt und zweite Klasse, sondern beachtet, wichtig. Als die Musik (evtl. noch Beifall vom Tonträger) ausklingt, verharrt er noch eine Weile wartend (ob neue Ovationen aufbrausen), aber da nichts geschieht, wird sein Gesicht deutlich länger, die Arme sinken langsam herab; er schaut sich um und stellt fest, daß es niemanden mehr gibt, der ihn feiern könnte. So ist auch er auf dem Gipfel der Macht machtlos und so einsam und unbedeutend wie vorher; schlimmer noch, da er einmal gesehen hat, wie es wäre wenn ... Oder hat er gelernt, daß Nummer Eins zu sein überhaupt nichts ändert, eher noch eine Last ist? Langsam kriecht er wieder in sich hinein (geht in sich), verläßt kleiner werdend das Licht und kriecht davon.

16.
Altenheim:

Das Paar besucht „dynamisch" ihre „gebrechlichen" Eltern und wartet ein wenig, wobei sie im Dialog klären, wo und warum sie dort sind (Blumen). Sie tragen Altenmasken auf (!) den Köpfen, so daß sie unvermittelt durch Verbeugung zu grotesken Alten werden, die nur in absurdem Gramolo auf die Gespräche ihrer Kinder (zurück in Normalhaltung) eingehen. Aber sie sollen dabei mehr liebe (Händ-

chen haltend, sehr lieb [endlich!]) Großeltern sein, als kindische. Damit sich die Idee nicht zu sehr verbraucht, insgesamt nur zweimal wechseln.
Er: Besuchszeit ist um drei.
Sie: Sie kommen ja gleich.
Er: Riecht sehr nach Altersheim.
(Sie bückt sich unvermittelt und wird zur Oma, die nur unverständliche Laute ausstößt, ansonsten mehr gestikuliert als redet)
Schmeckt das Essen? – Hast ja richtig Farbe bekommen.
Der Stock steht dir gut. – Der Stock! – Steht dir!
Na, Oma, dann machet ma ...
(Er bückt sich plötzlich und spielt jetzt Opa)
Sie: *(richtet sich gleichzeitig auf und ist wieder Tochter)*
Papa, wir wollen heiraten. – Hei-ra-ten. -
Nein, nicht schwanger.
Ich mache jetzt das Aufgebot.
Sie bückt sich schnell und schaltet sich wißbegierig ein, ergreift Opas Hand; sie erinnern sich selig an ihre Hochzeit und atmen beglückt ein. Sie gehen sehr langsam rückwärts durch die Lichtgassen fast gespenstisch verändert ab.
(Black Out. Ab im Umbaulicht.)

17.
„Der Tod und das Mädchen":

Gott steht erhöht zwischen zwei halbgeöffneten Kästen (Särge, Gruft) und zieht an unsichtbaren Marionettenfäden den **Tod** aus einem der Kästen und macht ihm deutlich, das **Mädchen** zu holen, das verträumt beim Liebsten auf einer Bank kauert. Hinter ihm steht **Petrus** und hält ihm den Heiligenschein von vorhin über das Haupt. Ohne die üblichen Schreckensklischees nähert sich der **Tod** sanft wie in Schuberts Lied „Der Tod und das Mädchen" und nimmt sie behutsam bei der Hand. **Sie** folgt ihm mehr wehrlos verwundert als unwillig und sieht sich nur immer wieder sehnsüchtig nach ihrem Mann um. Der **Tod** führt sie in die Gruft, der er selber entstiegen war. Als die Frau verschwunden ist, reckt sich ihre Hand wie eine Blume aus dem Grab (vgl. das Märchen, in dem aus dem Grab die Hand des ermordeten Kindes ragt). **Gott** selbst drückt sein Bedauern aus, scheint aber Gründe für den Befehl zu haben. Der **Mann** weint nach dem ersten Schrecken und ballt schließlich die Fäuste, und unter den entsetzten Gebärden Gottes begibt er sich in die zweite Gruft, um ebenfalls zu sterben (Freitod) und im Tod noch die Hand seiner Geliebten wie eine Blume zu fassen.

18.
Gott und Petrus:

Petrus (der Pastor aus der Hochzeitsszene) sitzt trotzig abgewandt auf einer der Kisten (Gräber). Neben ihm liegt der Heiligenschein am Boden. **Gott** sitzt schuldbewußt auf seinem Sockel.
P: He broke his neck

G: Ich war es nicht
It happens sometimes. Please!
P: Aber es gibt doch keinen Zufall. Häh?

19.
Beerdigung:

Man sieht unser Paar sich in ihren Gräbern bei der Hand halten.
Pastor: *(jede Zeile sinnvoll variierend und abwechselnd die Kreuze ansprechend)*
Durch
durch Liebe
durch Liebe sollst
durch Liebe sollst Du
durch Liebe sollst Du kommen
und
und in
und in Liebe
und in Liebe sollst
und in Liebe sollst Du
und in Liebe sollst Du gehen

Chor: *(defiliert am Pfarrer vorbei und alle murmeln variantenreich)*
Ist mir nahegegangen
(Fade out)

20.
Tableau:

(Musik setzt allmählich ein. Aus dem Dunkel wird das erste Standbild sacht herausgeleuchtet:)
S1 steht auf Doppelkiste, Blick geradeaus ins Publikum, breitbeinig über „Opfer 1" **(S2)**, das rücklings und Kopf nach vorne hängend wie tot liegt, Arme „gekreuzigt" weit hängend. Links daneben, eine Kistenstufe tiefer, sitzt **S3** mit Kopf auf einem angezogenen Knie, das andere Bein hängt lose auf **S4** herab. Dieser liegt rücklings mit Kopf nach vorn am Boden, die Beine hoch gegen die Kisten gelehnt.
S1: *(fröhlich)* Verloren
S2: *(stolz)* Geopfert
S3: *(skeptisch)* Herausgehalten
S4: *(traurig)* Gewonnen
(Fade out)

Ende

Fußnotenverzeichnis

[1] „Armes Theater" nach Jerzy Grotowski, Für ein armes Theater, Zürich 1986, macht aus der Not eine Tugend: Der äußerliche Mangel, hervorgerufen durch Geldnot, hebt das Wichtige auf der Bühne hervor, den Menschen, und lenkt nicht mit unnötiger Ausstattung von ihm ab.

[2] Tock ist ein energisches, kurzes „Anreißen" bzw. Abschließen einer Bewegung, das klar Anfang und Ende markiert und somit das Zeichen deutlich von anderen absetzt.

[3] Präsenz ist die sichtbare Energie des Spielers auf der Bühne. Wenn dieser sich voll auf sein Tun konzentriert, leuchten seine Augen und alle Aktionen werden glaubhaft, interessant und schön. Das Gegenteil wäre offenkundiges Desinteresse an seiner Rolle, schlampig-lustlose Ausführung von Bewegungen und ebensolches Sprechen, am besten noch durch Kaugummi-Kauen gesteigert. Aber auch lange vor diesem Extrem spürt man mangelnde Präsenz bei fahrigen Bewegungen und selbst bei exakten Tanzschritten sprechen oft „tote" Gesichter negative Bände. Es lohnt sich also, Spannkraft zu üben.

[4] Glissando ist die stufenlose Verschleifung eines Tones nach oben oder nach unten.

[5] Metapher nennt man einen bildhaften, verkürzten Vergleich zweier verschiedener Bereiche, wobei etwas drittes Neues entsteht. Aus dem Bereich Metall (Draht) und Tierwelt (Esel) wird ohne das vergleichende Wie etwas Neues: Fahrrad. Vgl. auch Stahlroß (Lokomotive).
Durch den kleinen gemeinsamen Nenner, den beide Teile haben (man sitzt auf ihm wie auf einem Esel, er ist aber aus Metall), werden durch bloße Nennung der Wortteile Bezüge interessant gemacht oder überhaupt erst hergestellt.

[6] Diese Beispiele wurden weitgehend entnommen aus Heinrich Waegner, „Verfremdendes Spiel mit Requisiten", in: Materialien. Ausprobieren, Proben, Spielen. Szenisches Spielen und Schülertheater in der Sekundarstufe I, hrsg. vom Kultusministerium des Landes Nordrhein-Westfalen, Düsseldorf 1992.

[7] Stringenz bedeutet logische Reihenfolge, Ablauf, „Roter Faden", Handlungsgerüst.

[8] Protagonist ist der Held, mit dem man sich im Stück identifiziert, d. h. mit dem man leidet und mit dem man sich freut, weil er so edel ist und so wenige Fehler hat.

[9] Antagonist kommt von „anti" (gegen) und „agere" (handeln) und bedeutet „Gegenspieler". Jede dramatische Handlung braucht das Gegeneinander von menschlichem Wollen, damit eine Handlung überhaupt in Gang kommt.

[10] Struktur ist alles, was den roten Faden sichtbar macht. Der chronologische Ablauf dürfte die häufigste Struktur einer Handlung sein. Aber auch das Gegenteil ist seit Sophokles' „Ödipus" und Kleists „Zerbrochnem Krug" bekannt: Der Aufbau eines Stückes von hinten, von seinem Ergebnis her, wobei nur interessiert, WIE alles das geschah, was man von Anfang an als bereits geschehen kennt.

Aber Struktur gewinnt eine Inszenierung zusätzlich durch leitmotivisch wiederkehrende Bühnenbilder, durch deutliche Einteilung in Sinnabschnitte (Szene, Akte), durch Musiken oder Lichtstimmungen etc.

[11] Aus der langjährigen Zugehörigkeit zu meiner Theatergruppe „Theaterkiste" am Evangelischen Gymnasium Siegen hat mein „Beleuchter" am Ende seines Elektroingenieurstudiums mit einem Kollegen der „Nachbartheatergruppe" des Fürst-Johann-Moritz-Gymnasiums Siegen folgendes Büchlein herausgebracht, nach dem die beiden auch Kurse für Interessenten abhalten:
Thomas Weth/Andreas Wieland, Das kleine Einmaleins der Schulbühnen-Beleuchtung. Eine Anleitung für Experimentierfreudige.
(Zu beziehen durch: Licht! Systeme und Theaterbeleuchtung, Weth/Wieland GbR, Schießbergstraße 63, D-57078 Siegen, Fax: [0271] 81219)

[12] word scenery (dt. Wortszenerie) bedeutet, daß die „Kulisse" im Text wie nebenbei beschrieben wird, so daß die Stimmung rein sprachlich so klar wird, daß eigentlich keine Bühnendekoration mehr nötig ist.

[13] Siehe hierzu Weth/Wieland, Das kleine Einmaleins der Schulbühnen-Beleuchtung, s. Fußnote 12.

[14] Timing ist der zentralste Begriff jedes Theaterspiels. Er bedeutet nichts anderes, als daß alles, was gesagt oder getan wird, eine ganz bestimmte Zeit in Anspruch nimmt, und erfüllt damit zwei äußerst wichtige Theaterbedingungen:
1. Das Zeichen (Geste, Gang, Wort) wird erst durch das deutliche Hervorheben aus anderen durch Anzeigen von Anfang und Ende erkennbar.
2. Die Dauer eines Ganges, einer Geste oder eines Wortes erst drückt die Stimmung, den besonderen Sinn aus (ob etwas lieblos hastig getan wird oder mit Ironie oder gar in Angst, oder ob beschauliche Ruhe Liebe, Vertrauenswürdigkeit, Ernsthaftigkeit vermittelt).
Aber nicht nur im Detail muß „getimt" werden, sondern alle Abläufe, so daß das ganze Stück seinem eigenen Zeitgesetz unterliegt. Die Faustregel für die Aufführungsdauer im Erwachsenentheater von zwei Stunden sind in der Regel wirklich nötig, um den Zuschauer einzustimmen, die Problemlage zu verdeutlichen und den Konflikt in seiner Wichtigkeit darzustellen, damit die angedeutete Lösung wirklich akzeptiert werden kann.

[15] Siehe Heinrich Waegner, „Zum Realismusproblem", in: spiel und Theater, 38. Jg., Heft 131, S. 27–31.

[16] Biomechanik ist nach Meyerholt alles, was eine mechanische Bewegung menschlich macht. D.h. daß durch viele verbundene Einzelbewegungen eine einfache Armbeuge z.B. zu einer graziösen Begrüßungsformel wird, wobei die „plumpe" Mechanik der Knochen durch zum größten Teil unterbewußte Zusatzmechaniken (Drehungen des Oberkörpers, des Ellenbogengelenkes; flüssiges Nacheinander der Streckungen aller Gelenke bis in die Fingerspitzen; dazu eine Verbeugung [Abrollen der Wirbelsäule und des Kopfes] zur schönen Bewegung wird [Gegensatz zur Robotertätigkeit]).

[17] Gramolo ist das unsinnige Plappern von Silben, das sich für den Laien etwa wie Japanisch oder Suaheli anhört. Nur durch variierende Stimmlage erhält diese Kommunikationsart gefühlsmäßigen Wert und damit Sinn.

[18] So ist auch die Szenenfolge „Wege der Liebe" entstanden. Text in: Heinrich Waegner, Schul- und Amateurtheater. Kommentierte Stücke aus der Spielpraxis. Kalliope Verlag Siegen, Am Stadtwald 33.
[19] Diese Passage wurde weitgehend entnommen aus: Heinrich Waegner, „Besetzung? Kein Problem!", in: Materialien. Ausprobieren, Proben, Spielen. Szenisches Spielen und Schülertheater in der Sekundarstufe I, Hrsg. KM Nordrhein-Westfalen, Düsseldorf 1992, S. 161–162.
[20] Vgl. hierzu Heinrich Waegner, „Zum Realismusproblem", in: spiel und Theater, 44. Jg., Heft 148/149, S. 2–9.

Stichwortverzeichnis

Anachronismus: unhistorisch-witzige Mischung
Armes Theater: arm an Ausstattung, reich an Phantasie
Biomechanik: die menschliche Bewegung (vs. Mechanik)
Collage (Montage): Vermischen von verschiedenen Texten
Erster Zuschauer: Spielleiter vertritt die zukünftigen Zuschauer und spiegelt die mögliche Aufnahme des Spiels
Etüde: aus Übungen und Improvisationen gewonnene Szene
Freeze: Halt in Ganzkörperspannung
Gramolo: Unsinnslaute, die aber als sinnvoll-poetisierender Background verwendet werden
Hebamme: der Spielleiter holt nur durch behutsame Hinführung aus der Gruppe das heraus, was schon da ist, als Helfer
Ironie: das Gegenteil des Gesagten meinen
Kommunikation: zwischenmenschliche Beziehungen aufbauen
Leitmotiv: wiederkehrende (bei R. Wagner musikalische) Zeichen (Verhaltensweisen, Wörter, Melodien, Bühnenorte …)
Message: (engl. Botschaft) Stückgehalt
Metapher: ein verkürzter bildhafter Vergleich, bei dem etwas drittes Neues entsteht: das Tertium Comparationis
Nô-Gang: aus dem japanischen Theater entliehene fast tänzerische Schreitform
Nonsens: (engl. sinnlos) dient zur Öffnung des Unbewußten beim kreativen Finden von Neuem, das nachträglich mit Sinn gefüllt werden kann (vgl. die oft „unverständliche" moderne Kunst)
Paralinguistik: alles was nicht mit Worten gesagt wird (Gesten, Blicke, Gemurmel, Schmatzen…)
Personage: eine Bühnenfigur mit Eigenschaften und Biographie
Präsenz: fühlbare Konzentriertheit des Schauspielers
Protagonist: Held
Psychedelische Musik: Fast rhythmuslos „wabernde" Musik „zum Abheben" (z. T. Pink Floyd „Umma Gumma", Ashra „New Wave" u.a.)
Slap-stick: (engl. [Polizei-]Schlagstock) die simpelste Art der (Stummfilm-)Komik, jemandem auf den Kopf hauen

Spielmächtigkeit: Präsenz, gruppendienliches Verhalten, aber auch Beherrschung gewisser theatraler Grundregeln
Story-board: Zeichentrickfilmer ordnen ihre ersten Entwürfe zu einer Handlung (story, plot)
Stringenz: logisch nachvollziehbare Story, roter Faden
Struktur: alles was die Stringenz befördert
Timing: klare Anfänge und Enden allen theatralen Handelns, wobei alles seine bewußte Zeit braucht
Tock: Bewegungen so präzise wie mit einem Takstock beginnen und beenden
Untertext: alles was der Schauspieler dem nackten Text an Wissen und Gefühl hinzufügen muß, um ihn glaubhaft zu gestalten
Vierte Wand: unsichtbare Wand zwischen Bühne und Publikum, d. h. der Spieler sollte „auf der Bühne bleiben"
Wortszenerie: mit Worten gestaltete Kulisse
Zentrale Spielintelligenz: die Übernahme von gruppendienlichen Leitimpulsen in Massenimprovisationen

Schriftenverzeichnis des Autors

- Schul- und Amateurtheater. Kommentierte Stücke aus der Spielpraxis, Kalliope Verlag Siegen 1989.
- Guano oder die Odyssee der Vögel, Telari Theaterverlag München (Rollenheft o. J.).
- Guano oder die Odyssee der Vögel, in: Theater für Kinder und Jugendliche, Band II, hrsg. von Barbara Deimel, Grafenstein Verlag München 1984, S. 39 – 64.
- Guano oder die Odyssee der Vögel, WDR Hörspiel 1988.
- „Gilgamesch. Formung eines vorwiegend körpersprachlichen Projektes. Eine körperbetonte Adaption des Gilgamesch-Epos", in: spiel und Theater, Deutscher Theaterverlag Weinheim, 43. Jg., Heft 146/147, S. 2–25. (Spieltext und Kommentar)
- „Projekt: Theater aus dem Nichts", in: spiel und Theater, 40. Jg., Heft 138, S. 13–21. (Spielvorlage und Kommentar für Körpertheater mit Requisiten: „Lemminge oder's Brett vorm Kopf").
- „Ödipus rekonstruiert. Frei nach Sophokles und Freud. – Ein Klassiker wird entstaubt," in: spiel und Theater, 38. Jg., Heft 131, S. 27–31. (Spieltext und Kommentar)
- „Zum Realismusproblem", in: spiel und Theater, 44. Jg., Heft 148/149, S. 2–9.
- „Herausforderung oder Blockade": Wieviel Technik bekommt dem Schultheater? in: spiel und Theater, 39. Jg., Heft 133, S. 2–9.
- „Verfremdendes Spiel mit Requisiten", „Besetzung? Kein Problem! Über den freien Umgang mit Spielvorlagen", und „,Abgang' oder Was passieren kann, wenn Sie sich übernehmen. Sieben Warnungen für Spieler und Spielleiter."

in: Materialien. Ausprobieren, Proben, Spielen. Szenisches Spielen und Schülertheater in der Sekundarstufe I, hrsg. vom Kultusministerium des Landes Nordrhein-Westfalen, Düsseldorf 1992.
– Gespaltenes Deutsch. Grammatische Lyrik zur Gegenwart. Kalliope Verlag Siegen 1984.
– „Vermischte Gedichte", in: Spurensuche. Sechs aus Siegen stellen ihre Texte vor ..., WDR, 7. März 1991.
– „Grammotik", Eine Lyrikreihe, in: Pop Sunday, BR 1973,
– „Kunstmaler H." (Prosa), in: Pop Sunday, BR 1974.

Fotonachweis

S. 6, 9 und 28: © Matthias Stutte, Dortmund.
S. 11, 13, 17, 30, 33, 39 unten: © Heinrich Waegner, Netphen.
S. 24: © Jörg Alfred Schreiber, Siegen.
S. 26, 39 oben und 68: © Reinhard W. Demmer, Wilnsdorf.
S. 27, 58 und 60: © Martin Krah, München.
S. 43: Arno Mohr: Tanzendes Paar (Lithographie): Deutsche Akademie der Künste, Berlin.
S. 45: © Thomas Weth, Siegen.
S. 54, 63, 65, 66 und 71: © Ferdinand Peroutka, Korbach.